GREAT WORK PLACE

훌륭한 일터

GWP

훌륭한 일터 GWP

지은이 조미옥
펴낸이 안용백
펴낸곳 (주)넥서스

초판 1쇄 발행 2010년 11월 30일
초판 7쇄 발행 2015년 12월 10일

출판신고 1992년 4월 3일 제311-2002-2호
04044 서울특별시 마포구 양화로 8길 24
Tel (02)330-5500 Fax (02)330-5555
ISBN 978-89-5797-422-3 03320

www.nexusbook.com
넥서스BIZ는 (주)넥서스의 경제경영 브랜드입니다.

GREAT WORK PLACE

훌륭한 일터

조미옥 지음

넥서스BIZ

GWP 경영
그리고 신뢰의 힘

　사람은 누구나 자신이 자랑스럽게 느껴지는 순간을 경험한다. 누군가 필자에게 그 순간이 언제인지 묻는다면 필자는 주저하지 않고 5,300m의 히말라야 로체 남벽 베이스 캠프를 등정했을 때라고 말하고 싶다. 산이라고는 몇 번 가보지 않은 왕 초보 중년 여성이 그 높은 산을 등정했다는 사실이 스스로 너무나 자랑스럽다.

　히말라야의 별들은 너무나 찬란해 툭 치면 우수수 떨어질 것 같다는 지인의 말에 용기를 얻어 결심한 등정에서 필자는 '죽음이 이런 것이다.'는 경험을 하게 되었다. 사람들이 흔히 말하는 고소증세를 직접 겪은 것이다. 4,400m의 딩보체(Dingboche)에 이르렀을 때에는 심장이 뜨거워 잠을 이룰 수 없었다. '사람이 이렇게 죽는구나.' 하는 생각이 들자 머릿속에 지나온 삶이 주마등처럼 스쳐 지나갔다. 누구든지 절박한 상황에 처하면 기도하는 마음을 갖게 되는 것 같다. 필자 역시 헐떡이는 심장을 부여잡은 채 이 고비를 넘기고 살아서 돌아갈 수만 있다면 더 멋진 꿈을 안고 살겠노라고 기도했다.

마침내 로체 남벽 베이스 캠프에 두 발을 내디뎠다. 신들의 산이라고 불리는 히말라야의 풍경을 바라보면서 필자는 인간이 얼마나 왜소하고 무기력한 존재인지를 깨달았다. 장엄하고 당당한 설산을 가까이할수록 나 자신을 낮추지 않을 수 없었다. 필자는 그곳에서 지금까지 살아온 날보다 더 아름답고 겸허한 삶을 살아야겠다고 굳게 다짐하였다.

필자가 경험했던 그 순간처럼 거대한 조직의 체계와 시스템은 구성원들을 왜소하고 무기력하게 만드는 경우가 많다. 구성원들은 자신의 힘으로는 어쩔 수 없는 조직의 체계와 시스템 안에서 발버둥쳐보지만 결국은 자신보다 더 강한 힘에 짓눌려 튕겨져 나가거나 자신의 가치와 신념을 꺾으면서 일을 한다. 그리고 톱니바퀴처럼 맞물려 돌아가는 조직의 시스템 안에서, 상사와 동료들과의 관계 속에서 인간다운 삶을 망각한다. 그들에게 있어 직장은 더 이상 신나는 곳이 아니다. 눈만 뜨면 달려가고픈 일터는 더더욱 아니다.

일터는 공동의 목표를 달성하기 위해 모인 사람들이 함께 일을 하는 곳이다. 그 일터에는 조직을 이끌어 나가는 리더, 업무를 수행하는 구성원, 목표 달성을 위해 해야 할 일이 있다. 조직의 체계와 시스템 그리고 제도는 리더와 구성원들이 업무를 효율적으로 추진하며 더 높은 성과를 창출할 수 있도록 지원해 주는 경영 도구일 뿐이다. 아무리 좋은 경영 비전과 핵심 가치를 만들어 놓는다고 할지라도 구성원들이 업무를 하면서 피부로 느끼지 못한다면 무용지물이 된다. 함께 일하는 리더와 구성원 간의 관계가 삐걱거린다면 그리고 구성원들 간의 관계가 삐걱거린다면 시스템이나 체계는 제대로 돌아갈 수 없다. 핵심 가치나 경영 비전 또한 구성원들에게는 먼 나라의 이야기가 될 뿐이다.

그만큼 일터에서의 관계 수준은 조직의 시스템이나 제도의 효율적인 운용 그리고 효과에 영향을 미친다. 그래서 일터에서의 관계의 질(Quality of Relationship)은 조직의 목표 달성과 성과 창출에 직접적인 영향을 미칠 뿐만 아니라 가장 중요한 핵심 자원이다. 이것이 GWP가 신뢰경영의 글로벌 스탠다드로 주목받는 이유라 할 수 있다.

GWP 경영, 즉 일하기 훌륭한 일터를 만들어 나가는 노력은 바로 성과 창출에 직접적인 영향을 미치는 관계의 질을 회복해 나가는 것이다. GWP는 구성원들이 경영진과 상사와의 관계에서 높은 신뢰(Trust)를 가지고 이를 바탕으로 자기 일과 조직과의 관계에서 강한 자부심(Pride)을 가지며 함께 일하는 동료와의 관계에서 일하는 재미(Fun)를 느끼는 일터를 만들어 나가는 노력이다. 신뢰와 자부심 그리고 일하는 재미가 있는 일터의 구성원들은 조직의 변화와 목표 달성에 자발적으로 몰입하고 헌신하는 경향을 보인다. 또한 신뢰의 일터 환경은 구성원들을 실험적이고 도전적이며 창의적으로 만든다. 따라서 구성원들의 경쟁력이 강화된다. 경쟁력이 높은 인재들을 가진 조직은 지속적으로 성장하고 발전한다.

필자는 GWP 경영으로 인해 리더와 구성원들이 거대한 혁신의 물살에 빠지는 것을 경계하기 위해 이 책을 집필했다. 신뢰 관계의 회복은 위에서 강하게 밀어붙일수록 더욱 멀어진다. 또한 근본적인 리더와 구성원, 구성원과 구성원 간의 믿음이 낮은 상황에서는 GWP 활동으로 돈을 쏟아부으면 부을수록 갈등과 부작용이 증폭된다. GWP의 철학과 그 의미를 깊이 이해할 때에만 구성원들이 일하기 훌륭한 일터를 만들 수 있다.

17년 동안의 GWP 조직문화 혁신과 서번트 리더십 개발 컨설팅 경험을 토대로 집필한 이 책은 GWP의 진정한 의미와 철학, GWP 추진 전략과 구체적인 활동 그리고 GWP의 성공과 실패 사례를 다루고 있다.

기업의 최고경영자들은 이 책을 읽으면서 'GWP = 돈'이라는 오해의 공식을 해소하게 될 것이다. 그리고 신뢰경영의 GWP를 구현하기 위해 자신은 무엇을 해야 하는지 명확하게 이해하게 될 것이다.

리더들은 서번트 리더십이 GWP 경영에 얼마나 중요한 요소인지를 깨닫게 될 것이다. 또한 리더십 행동 사례를 통해 자신의 리더십이 GWP를 촉진시키는지, 저해하는지를 성찰하게 될 것이다.

　마지막으로 구성원들은 업무 속에서 자기중심적이고 배타적인 생각의 틀을 깨는 것이 GWP의 최대 성공 요인이라는 것을 알게 될 것이다. 더불어 일상생활에서의 작은 관심과 배려 그리고 협력이 팀의 성과 창출에 결정적인 영향을 미칠 수 있다는 점을 깨닫게 될 것이다.

　필자는 이 책을 집필하면서 다시 한 번 신념처럼 내면화된 삶의 가치를 성찰하는 계기를 가질 수 있었다. 삶이 어렵고 힘들 때, 조직에서 크고 작은 불신을 경험할 때, GWP 경영의 저항 세력과 부딪칠 때마다 인디언의 신화 창조는 필자에게 새로운 힘을 준다. 자연을 신처럼 숭배하던 그들도 공동생활에서의 관계의 질이 얼마나 중요한지 후손들에게 전해 주고 있다.

　사랑하는 나의 아들 딸들아

　너희가 바람을 잃어버렸다면

　나뭇가지 사이로 흔들리는 잎새를 바라보라

　잃었던 바람을 되찾을 것이다

사랑하는 나의 아들딸들아
너희가 물을 잃어버렸다면
계곡 사이로 흐르는 시냇물 소리에 귀 기울여라
잃었던 물을 되찾을 것이다

사랑하는 나의 아들딸들아
너희가 불을 잃어버렸다면
하늘을 가로지르는 번개를 바라보라
잃었던 불을 되찾을 것이다

그러나 사랑하는 나의 아들딸들아
너희가 신뢰를 잃어버렸다면
그것은 영원히 되찾을 수 없을 것이다

CHAPTER

1

진정한
GWP의 만남

GREAT WORK PLACE

GWP의 시작

GWP는 'Great Workplace'의 약자로서 일하기 훌륭한 일터, 일하기 좋은 직장의 개념으로 사용되고 있다. 미국에서 사용되고 있는 용어는 'Great Place to Work(GPTW)'이다.

필자가 처음 훌륭한 일터, 즉 GWP를 접한 것은 1986년 유학 시절이었다. 대학 도서관에서 경영 관련 서적을 뒤적이다가 우연히 《일하기 가장 훌륭한 100대 기업*The 100 Best Companies to Work For in America*》이라는 책을 보게 되었다.

1984년에 로버트 레버링(Robert Levering)과 밀턴 모스코비츠(Milton Moskowitz)가 공동으로 저술한 이 책은 출간 당시 〈뉴욕

타임스〉베스트셀러가 되면서 미국 산업계의 주목을 받기 시작했다. 두 사람은 노동 관련 기자로 일하면서 10여 년 동안 수많은 미국 기업을 방문하였고, 많은 최고경영자와 리더 그리고 구성원들을 인터뷰하였다. 그들은 기업의 임직원들을 인터뷰하는 과정에서 훌륭한 기업과 구성원들의 불만과 무관심이 팽배한 기업의 차이점을 감지하였다.

처음에 두 사람은 기업의 규모와 매출 성장, 급여, 복리후생 또는 스톡옵션 등 외형적인 것을 기준으로 훌륭한 기업을 분류하였다. 하지만 곧 혼란에 빠졌다. 조직의 임직원 모두가 훌륭한 회사라고 평가한 기업들 중에는 급여나 복리후생이 동종 업계의 중간 정도에 머무는 곳도 있었다. 또한 기업의 규모가 그리 크지 않거나 시장 상황이 좋지 않아 구조조정을 거친 기업들도 있었다. 반면에 불만이 고조되어 기회만 주어지면 이직할 것이라고 말하는 구성원이 많은 기업들 중에는 보수가 높고 스톡옵션도 있으며 매출 성장이 높은 곳도 있었다.

그로 인해 두 사람은 외형적인 성장과 제도를 기준으로 훌륭한 기업을 분류하던 작업을 중단하였다. 그리고 임직원 모두가 훌륭하다고 생각하는 기업들의 데이터를 다시 분석하였다. 여기서 두 사람은 놀라운 공통점을 발견하였다. 임직원들이 하나같이 자신의 회사가 훌륭하다고 말하는 기업들은 조직 내에 두터운 신뢰(Trust)가 쌓여 있었다. 또한 구성원들은 자기가 하는 일에 강한 자부심(Pride)을 가지고 있었으며 강한 동료애(Camaraderie)를 가지고 재미(Fun)있게 일하고 있었다.

두 사람이 찾은 공통분모는 기업의 외형적인 성장이나 규모와는 상관없이 일관성이 있었다.

이 자료를 토대로 두 사람은《일하기 가장 훌륭한 100대 기업》을 저술하였다. 미국 경제가 일본 기업들의 품질 혁신 결과로 나타난 생산성에 밀려 경쟁력을 상실해 가고 있을 당시, 이 책은 미국의 경쟁력 있는 기업들이 '사람 중심의 경영', '인간 존중 철학'을 바탕으로 탄탄한 초일류 기업으로 성장하고 있음을 보여 주었다. 그리고 미국 산업계가 프로세스나 시스템의 혁신만을 강조하던 경영에서 구성원의 경쟁력 강화로 경영의 눈길을 돌리는 계기를 마련해 주었다.

그 후 두 사람은 다시 10년간의 현장 연구 결과를 토대로 1993년에 같은 제목의 책을 출간하였다. 이 책은 또다시 산업계의 주목을 받았다. 그 이유는 10년 전에 훌륭한 기업으로 이름을 올렸던 100대 기업 중 1/3 정도가 탈락하였으며, 새로운 기업들이 훌륭한 일터를 가진 기업으로 등장했기 때문이다. 또 하나 주목할 만한 사실은 10년이 지났음에도 여전히 훌륭한 기업으로 자리매김을 하고 있는 기업의 1/3 이상이 경제 상황의 악화로 구조조정을 거치고, 임금을 동결하거나 삭감하는 과정을 거쳤음에도 불구하고 구성원들이 자신들의 기업이 훌륭하다고 생각한다는 점이었다.

지금까지의 품질 혁신이나 생산성 향상 관련 경영 이론은 관리자의 시각에서 구성원들의 업무 목표 관리에 집중했다. 그러나 레버

링과 모스코비츠는 기업의 시스템이나 제도는 결국 사람에 의해 운영되기 때문에 신뢰 관계가 바탕이 되지 않으면 어떤 경영 이론이든 효과가 제한적일 수밖에 없다고 주장하였다. 과학적 관리 이론이나 동기부여 이론, 목표 관리 이론 등도 기본적으로 구성원 간의 신뢰가 전제되어야만 효과를 극대화할 수 있다.

세계적으로 권위 있는 경제 전문 잡지인 《포춘Fortune》은 신뢰가 기반이 되는 경영의 새로운 패러다임에 주목하기 시작했다. 또한 기업들도 테크놀로지의 놀라운 혁명으로 지식과 정보의 공유가 활발해지고 사회적·경제적 변화가 급격하게 일어나는 상황에서 '기업 경쟁력은 사람에게 달려 있다.'는 점에 주목하기 시작했다.

GWP의 포춘
100대 기업으로 탄생

기업은 고성과 창출과 초고속 성장 그리고 영속적인 번영을 꿈꾸며 수없이 많은 경영 이론을 토대로 끊임없이 경영혁신을 해왔다. 1980년대의 품질 혁신과 업무 프로세스 혁신 과정을 거치면서 대부분의 기업이 좋은 제품을 저렴한 가격에 내놓기 시작하였다. 제품의 품질만 좋으면 고객을 확보하는 데 큰 문제가 없었다. 그러자 기업들은 품질 관련 벤치마킹과 기술 혁신을 통해 최고의 제품 생산에 주력하였다. 제품의 품질과 가격이 서로 비슷해지자 고객들은 질이 높으면서도 다양한 서비스를 요구하기 시작하였다. 이에 발맞추어 기업들은 1990년대를 기점으로 최고의 서비스 혁신으로 차별화를 시도하기 시작하였다. 기업들의 서비스 혁신 노력은 '묻지마 서비스'에서부터 '고객이 졸도할 때까지 감동으로'라는 슬로건을 무색하게 할 정도로 고객 만족 수준을 높여 놓았다.

기업은 1990년대 중반부터 대두되기 시작한 테크놀로지와 인터넷 혁명으로 인해 지식·정보의 노출 시대를 맞이했다. 이로 인해 혁신 모토를 다시 한 번 전환시킬 수밖에 없는 딜레마에 빠졌다. 인터넷 혁명은 기업의 운영 시스템과 업무 프로세스 그리고 제도를 뒤흔들어 놓았다. 그로 인해 종이 결제와 대면 회의가 점점 사라져 갔다. 또한 전 세계 어느 곳이든, 누구든 접촉이 가능한 시대를 맞이하면서 정보는 일부 사람만의 소유물이 될 수 없었다. 뿐만 아니라 기하급수적으로 늘어나는 새로운 지식과 정보 창출은 정보 수집과 가공력을 바탕으로 고부가가치를 창출하는 지식 노동자 시대를 예고하였다. 기업은 그 어느 때보다 창의성과 도전성을 갖춘 인재가 필요한 시점을 맞이하였다.

이즈음 세계적인 경제 전문지인 《포춘》은 정보화시대의 기업 경쟁력은 범람하는 지식과 정보의 활용 능력에 달려 있다는 점을 간파하였다.

· 조직에서 누가 지식과 정보를 재창출하여 부가가치를 생산하는가?

· 누가 빠른 변화에 대처하면서 일을 하는가?

· 누가 창의적이고 도전적으로 업무를 수행하는가?

이러한 질문에 《포춘》은 구성원의 경쟁력이 곧 조직의 경쟁력을 좌우한다는 점을 주목하였다. 사람이 가장 중요한 자산이며, 사람과 사람을 잇는 신뢰가 조직의 협력 수준과 정보 공유의 수준을 결정하는 가장 중요한 요소임을 간파한 것이다.

《포춘》은 내부의 신뢰 관계를 바탕으로 선정한 '일하기 가장 훌륭한 100대 기업'이 고성과 창출 경영에 큰 영향을 미치고 있다는 점을 예의 주시하였다. 그리고 1998년 신년호에 '일하기 훌륭한 포춘 100대 기업(FORTUNE 100 Best Companies To Work For)'을 선정하여 발표하였다. 기업의 규모나 매출, 업종에 관계없이 구성원들의 신뢰가 높은 기업문화의 수준을 평가하는 지표를 세상에 내놓은 《포춘》은 미국 기업뿐만 아니라 글로벌 기업을 꿈꾸는 모든 기업에게 경영의 새로운 지평을 열어 주었다.

기업의 경쟁력은 일터(Workplace)에 있다. 또한 일터의 경쟁력은 급여나 복리후생 등 외적인 요인보다는 함께 일하는 임직원 간의 신뢰 관계에 의해 좌우된다. 높은 급여, 복리후생, 스톡옵션 등도 임직원 간의 신뢰가 두터운 조직에서 구성원들에게 지속적인 동기를 주인 요인이 된다. 이것이 GWP의 핵심이다. 《포춘》은 매년 신년호 커버스토리에 '일하기 훌륭한 포춘 100대 기업'을 다루고 있다. '일하기 훌륭한 포춘 100대 기업'에 선정된 기업들은 매출이나 기업의 규모, 직원 수, 급여 순위 등에 관계없이 조직 내부의 신뢰를 바탕으로 자부심과 재미가 넘치는 일터의 조직문화를 만들어 가고 있다.

이제 GWP에 대한 관심은 세계적으로 퍼져 나가고 있다. 이미 한국을 비롯한 일본, 중남미, 유럽, 인도, 싱가포르 등 전 세계 40여 개의 나라에서 동일한 기준으로 자국의 일하기 훌륭한 기업을 선정하여 발표함으로써 신뢰경영을 바탕으로 하는 GWP 조직문화 구축에 박차를 가하고 있다.

대한민국 GWP의 출발

《신뢰경영》의 저자 이관응 박사는 1990년대 초에 신뢰를 바탕으로 한 훌륭한 일터, 즉 GWP를 국내 기업에 소개하였다. 당시 대부분의 한국 기업문화는 획일적이고 위계적인 군대 문화의 전형을 보여 주고 있었다. 업무 수행에서부터 회식 문화에 이르기까지 리더의 권위가 너무나 강했다. 리더의 한마디가 조직의 법이라고도 할 만큼 위계질서가 강했던 그 당시, 신뢰를 바탕으로 하는 '사람 중심의 경영'은 먼 나라 이야기였다.

당시 신뢰경영은 프로세스 혁신, 품질 혁신, 시스템 및 제도 개선 등 상부 조직으로부터 폭포수처럼 쏟아져 내려오는 혁신의 물살에 밀려 주목을 받지 못했다. 뿐만 아니라 기업은 학습조직, 신바람 운동, 리엔지니어링 등 유행처럼 밀려오는 경영의 새로운 바람을 한 번씩 경험해 보고 지나 가면서 기업 경쟁력의 근본을 제대로 돌아 볼 여유조차 없었다.

한국의 GWP는 이관응 박사와 필자가 1997년 당시 국내 최고, 최대 기업으로 불리던 삼성전자 반도체 사업부(이하 SB사)의 리더 십 개발을 컨설팅하면서 현업에 본격적으로 적용되기 시작했다. 당 시 초고속 성장을 거듭하면서 글로벌 기업으로의 줄기를 뻗어 가던 SB사는 외적 성장을 받쳐 줄 수 있는 내부 시스템과 제도 마련을 위해 다양한 혁신 활동을 추진했다.

SB사는 당시에 미국 컨설팅 회사에게 조직 진단을 의뢰했다. 그 결과, 관리의 패러다임을 바꾸어야 한다는 진단을 받았다. 어려운 경영환경과 초고속 성장기를 거치면서 굳어진 '지시-통제' 중심의 관리 패러다임을 '지원-코칭' 중심의 관리 패러다임으로 바꾸어야 한다는 과제를 받게 된 것이다.

SB사의 인력개발팀과 인사팀은 관리자들의 리더십 행위를 글로 벌 리더 수준으로 끌어올리기 위한 관리자 육성 체계 개발을 시작 하였다. 당시 SB사의 관리자는 대부분 석·박사 학위를 받은 우수 학력 소지자였다. SB사는 그만큼 똑똑하고 유능한 관리자를 많이 보유하고 있었다.

리더들은 그동안 회사가 제공한 많은 교육을 받아 왔기에 리더십 에 관한 풍부한 지식을 가지고 있었다. 그러나 이들의 리더십 지식 은 업무 현장으로 돌아오면 무용지물이 되는 경우가 많았다. 때로는 업무 환경 때문에, 때로는 습관화된 리더들의 권위적인 태도와 행동 때문에 '지원-코칭'의 리더십은 제대로 실행되지 못했다. 리더십 지식이 풍부하고, 나름대로 똑똑하다고 자부하는 리더들에게 경청의 커뮤니케이션, 코칭 또는 갈등 관리 기술 등을 가르친다고 해서 현장에 바로 적용되길 바라는 것은 무리였다. 또한 현장과 동떨어진 환경에서 배운 기술이 수시로 변하는 업무 환경에 전이되는 것은 더더욱 기대하기 어려웠다.

고민을 거듭한 끝에 리더가 자율적인 의지에 의해서 변하지 않으면 리더십 개선은 어렵다는 결론을 내렸다. 또한 업무 현장 중심의 리더십 혁신이 아니면 결국은 업무 따로, 교육 따로의 현상으로 돈과 시간만 낭비하는 꼴밖에 되지 않을 것이라고 판단했다. 이런 과정 속에서 결론 내려진 이 회사의 리더십 명제는 매우 단순하고 명료했다. 그것은 바로 '훌륭한 리더, 훌륭한 일터(Great Leader, Great Workplace)'의 개념을 도입하는 것이었다. 그 당시 향후 십 년 뒤에 동종 업계 세계 1위를 꿈꾸던 SB사가 글로벌 수준에 버금가는 리더를 육성해야 하는 것은 당연한 일이었다. 수단과 방법은 중요하지 않았다. 리더들의 미션은 자신의 부서를 세계 최고의 일터로 만드는 것이었다.

일 년 뒤인 1998년에 세계적인 경제지인 《포춘》이 '일하기 훌륭한 포춘 100대 기업'을 선정하여 발표하리라는 것을 이미 알고 있었던 컨설팅팀은 SB사의 프로젝트팀을 설득하였다. 《포춘》이 미래의 기업 경쟁력을 시스템이나 품질 또는 기술의 경쟁력에 중점을 두기보다 그것을 혁신하는 내부 사람의 경쟁력에 초점을 두고 있다는 것은 당시 큰 시사점이 되었다.

SB사는 훌륭한 일터, 즉 GWP의 조직문화 진단과 신뢰를 핵심 가치로 삼는 서번트 리더십을 현장에 적용하기로 결정했다. 훌륭한 일터와 훌륭한 리더를 육성하기 위한 작업을 차차 진행하여 현업에 적용시키려고 할 무렵, 한국은 IMF 경제 위기를 맞이하였다. 한국 기업들은 한 번도 겪어 보지 못한 고통의 소용돌이 속으로 휘말려 들어갔다.

IMF의 여파는 SB사에도 예외 없이 찬바람을 불러일으켰다. 당시 많은 기업이 생존을 위해 구조조정을 할 수밖에 없었다. 재정의 감축 경영과 임직원의 고통 분담 등은 지금까지 한 번 입사하면 평생 일자리를 보장받는다고 믿었던 구성원들에게 큰 충격을 안겨 주었다. 평생직장, 종신고용의 개념은 점점 그 의미를 잃어 갔다. 구성원들은 헌신을 다했던 조직이 자신들을 버렸다는 상실감으로 절망했으며, 그들의 조직에 대한 애사심과 충성심은 바닥으로 추락하였다.

기업은 구성원들을 평생 보듬고 가야만 한다고 생각했던 경영관리에서 벗어나야만 했다. 연공서열에 의한 승진이나 평등에 입각한 급여 체계 등의 온정주의로는 기업이 생존할 수 없다는 인식이 팽배해져 갔다. 조직은 조직대로, 구성원은 구성원대로 이유 있는 동상이몽을 꿈꾸는 이기적인 상황에서 신뢰를 바탕으로 한 훌륭한 일터, 즉 GWP를 추구하는 것은 결코 쉬운 일이 아니었다.

SB사는 당시의 경영환경이 안정된 후에 GWP의 근간이 되는 신뢰경영지수(Trust Index©) 조사 작업이 진행되기를 원했다. 하지만 컨설팅팀은 진정한 신뢰는 조직이 어려움에 처했을 때 그 수준을 제대로 파악할 수 있다고 생각했다. 이에 컨설팅팀은 회사가 성장하면서 구성원들에게 크고 작은 복리 혜택과 풍성한 물질적 경험을 제공하면 그들의 마음도 너그러워지기에 옳지 않은 근무 환경이나 리더들의 행위도 그냥 눈감아 주는 경우가 생긴다고 주장했다. 또한 어려운 시기에 나타나는 조직문화의 취약점을 토대로 GWP를 구현해 나간다면 초일류 기업의 일터 문화를 튼튼하게 뿌리내릴 수 있다는 확신을 심어 주었다.

이러한 주장을 받아들인 SB사는 당시 최고경영자를 포함하여 전 직원이 일하기 좋은 직장과 그러한 직장을 만들어 나가는 중심 역할을 하게 될 리더의 변화 작업을 대대적으로 전개하였다. 조직문화를 담당하던 인력을 교체하지 않으면서 추진한 GWP는 리더와 구성원들의 생각과 태도 그리고 가치를 바꾸는 계기를 마련해 주었다. 지금도 SB사는 다른 기업들과 남다른 일터 분위기를 가지고 있다. 그것은 바로 지속성과 반복적 활동의 결과 그리고 조직문화 추진 담당자의 오랜 경험이 바탕이 된 것이 아닐까 싶다.

2008년에 글로벌 금융 위기로 기업들은 또다시 위기를 겪게 되었다. 특히 SB사는 외부의 시장 환경 때문에 더욱 큰 어려움을 겪어야 했다. 하지만 SB사는 위기를 멋지게 견뎌 냈다. SB사의 조직문화를 담당해 오던 부장은 그 이유를 수년 동안 추진해 온 GWP 조직문화의 힘이라고 말한다. 자사의 구성원들이 위기 상황 속에서도 자신이 맡은 일에 헌신적으로 몰입할 수 있는 분위기를 지속적으로 유지한 것이다. SB사의 GWP 활동은 타 계열사에 큰 영향을 미쳤으며 그룹 차원에서 GWP를 추진하는 계기를 마련해 주었다.

GWP는 이렇게 한국에 뿌리내리기 시작했다. 2002년에 '일하기 훌륭한 포춘 100대 기업'을 선정하는 글로벌 기준과 똑같은 기준을 적용하여 '대한민국 훌륭한 일터(The Best Companies to Work For in Korea)'를 선정하기 시작하면서 한국 기업들이 신뢰경영의 새로운 패러다임에 눈을 돌리게 되었다.

오늘날 많은 기업이 글로벌 기업을 꿈꾸며 신뢰경영의 참 의미를 실현하기 위해 노력하고 있다. 구성원들의 관점에서 기업 경영을 바라보는 GWP 경영 이론의 역패러다임은 사람이 가장 중요한 자산이며, 신뢰 관계가 기업의 지속적인 성장에 근간이 된다는 점을 그 어느 때보다도 절실히 느끼게 만들었다.

왜 GWP 경영인가

기업에서 상하 간의 낮은 신뢰는 리더의 권한위임을 멈추게 만든다. 리더는 자신의 경험과 능력에 비추어 구성원들의 역량을 미덥지 않게 생각하곤 한다. 그래서 일을 맡겨 놓고도 성에 차지 않아 일일이 체크를 한다. 그러면서도 한편으로는 리더가 시키는 일만 하는 구성원들의 소극적인 태도와 행동을 못마땅하게 생각한다.

이러한 리더와 함께 일하는 구성원들의 불신 또한 만만치 않다. 많은 구성원이 '리더가 일을 제대로 맡기지도 않으면서 하는 일마다 간섭하고 공개적으로 질책하는 것이 습관이 되어 버렸다.' '리더는 구성원들의 의견을 경청하기는커녕, 몇 마디 말이라도 하려고 하면 잘라 버리기 일쑤다. 그러니 입 다물고 조용히 있는 것이 시간을 절약하는 방법이다.'라고 생각한다.

이러한 상하 간의 불신은 조직 분위기를 무겁게 조성해 창의적인 업무 수행을 불가능하게 만든다. 수동적으로 시키는 일만 하는 구성원들의 태도로는 탁월한 성과를 창출하기 어렵다.

그러나 상하 간의 두터운 신뢰 관계가 형성된 기업에는 상호 이해를 바탕으로 하는 높은 협력 수준과 정보 공유의 수준을 통해 즐겁게 성과를 창출하는 신뢰의 선순환 사이클이 돌고 있다. 상하 간의 높은 신뢰는 조직에 활력을 불어넣고 구성원들을 창의적이고 도전적으로 만든다. 이를 통해 조직은 궁극적으로 기대하는 고성과를 지속적으로 창출해 나간다.

신뢰경영을 바탕으로 하는 GWP가 주목받는 이유는 조직의 탁월한 성과를 지속적으로 창출하고, 그 과정에서 구성원들의 자발적 몰입과 헌신이 피어나기 때문이다. 또한 조직 내부의 신뢰 관계가 고객과의 신뢰 관계로 자연스럽게 이어져 고객과 사회로부터 높은 윤리성과 도덕성을 갖춘 기업으로 인정받기 때문이다. 기업의 궁극적인 목적이 이윤 추구와 사회공헌, 윤리적으로 존경받는 것이라면, GWP는 이 세 가지를 충족시키는 새로운 경영 패러다임이다.

실제로 '일하기 훌륭한 포춘 100대 기업'의 재무 성과는 'S&P 500대 기업'이나 'Frank-Russell 3000 기업'에 비해 월등하게 나타나고 있다. 포춘 100대 기업의 재무 성과를 10년 동안 비교하여 분석해 보았을 때, 1.5배에서 최고 2.5배까지 차이를 보였다. 더욱

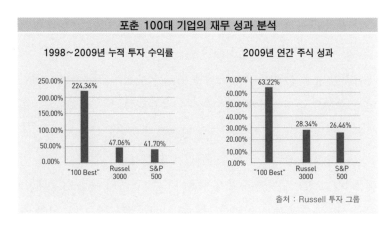

포춘 100대 기업의 재무 성과 분석

1998~2009년 누적 투자 수익률

2009년 연간 주식 성과

출처 : Russell 투자 그룹

놀라운 점은 해를 거듭할수록 성과의 차이가 더 벌어진다는 사실이다. GWP를 구현하는 포춘 100대 기업은 이처럼 재무 성과와 조직의 효율 및 기업 성장률 등 여러 측면에서 높은 지표를 보여 주고 있다. 이는 신뢰 문화의 기반이 튼튼한 기업일수록 외적인 환경에 크게 좌우되지 않으며 지속 성장이 가능한 기업으로 번영할 수 있다는 점을 시사한다.

　GWP를 구현하는 기업들은 신뢰를 근간으로 하기 때문에 구성원들의 업무에 대한 자발적인 몰입과 열정, 창의성이 높다. 이러한 구성원들은 위험을 감수하면서도 자신의 업무를 혁신하려는 의지가 강해 품질 혁신과 생산성 향상을 가져 온다. 또한 이직률이 현저하게 낮아 채용에 따르는 비용이 절감되고, 심리적 스트레스가 적기 때문에 건강보험 및 의료비를 줄이는 효과를 가져 온다. 뿐만 아니라 구성원들은 조직의 방침과 정책에 적극적으로 협조하기 때문에 변화를 수용하고 적극적으로 대처한다. 이 결과, GWP는 조직의 이윤을 증대시키고 고객의 신뢰를 얻는다.

일반 기업의 결근율이 평균 12퍼센트인 데 비해 GWP를 구현하고 있는 '일하기 훌륭한 유럽연합(EU) 100대 기업'의 평균 결근율은 2.6퍼센트로 1/3 수준에 머물고 있었다. EU 100대 기업은 2,300EUR 정도의 비생산적인 노동 비용을 절약함으로써 일반 기업에 비해 33퍼센트에서 최고 58퍼센트까지의 노동 비용을 절약하고 있었다.

포춘 100대 기업의 이직률은 일반 기업의 평균 이직률보다 월등히 낮은 통계를 보인다. 제조업의 경우, 포춘 100대 기업의 이직률은 8퍼센트인 반면, 일반 기업은 16퍼센트나 된다. 소매유통은 포춘 100대 기업이 14퍼센트에 머무는 반면, 일반 기업은 53퍼센트나 된다. 서비스업의 경우, 포춘 100대 기업은 19퍼센트의 이직률을 보이는 반면, 일반 기업은 50퍼센트의 높은 이직률을 보이고 있다. 따라서 포춘 100대 기업은 일반 산업계보다 퇴사와 재고용에 따른 비용을 훨씬 더 절약하고 있는 셈이다.

이처럼 '일하기 훌륭한 포춘 100대 기업'은 재무적 성과뿐 아니라 우수 인재의 퇴직률이 일반 기업에 비해 매우 낮다. 또한 입사를 지원하고자 하는 사람이 일반 기업에 비해 몇 백 배 높다. 그러나 그 무엇보다도 무형의 자산, 보이지 않는 문화의 힘은 바로 구성원들의 자발적 몰입과 헌신, 강한 응집력 그리고 창의적인 열정이다. 리더와 구성원들은 이 점에 주목할 필요가 있다.

구성원 간의 신뢰를 바탕으로 하는 GWP 경영은 현재 전 세계로

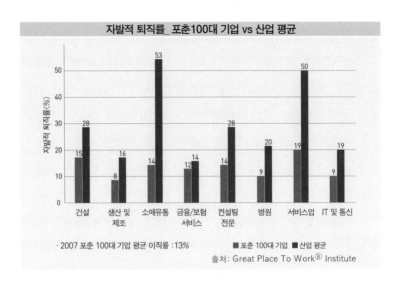

자발적 퇴직률_ 포춘100대 기업 vs 산업 평균

· 2007 포춘 100대 기업 평균 이직률 : 13% ■ 포춘 100대 기업 ■ 산업 평균

출처 : Great Place To Work® Institute

퍼지고 있다. 또한 GWP 조직문화를 측정하는 신뢰경영지수는 강한 기업문화의 글로벌 스탠다드로 우뚝 서 있다.

GWP란 무엇인가

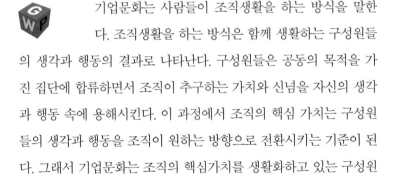 기업문화는 사람들이 조직생활을 하는 방식을 말한다. 조직생활을 하는 방식은 함께 생활하는 구성원들의 생각과 행동의 결과로 나타난다. 구성원들은 공동의 목적을 가진 집단에 합류하면서 조직이 추구하는 가치와 신념을 자신의 생각과 행동 속에 용해시킨다. 이 과정에서 조직의 핵심 가치는 구성원들의 생각과 행동을 조직이 원하는 방향으로 전환시키는 기준이 된다. 그래서 기업문화는 조직의 핵심가치를 생활화하고 있는 구성원들의 공통적인 생각과 가치 그리고 행동양식의 집합체다. 구성원들이 서로 공유하는 가치와 생각, 행동양식이 많을수록 조직은 강한 기업문화를 가지게 된다.

구성원들의 공유 가치와 생각 그리고 행동양식이 클수록 이들의 응집력은 높아진다. 구성원들의 강한 응집력은 조직이 추구하는 혁신이나 변화를 가속화시키고, 임직원 모두가 한 방향을 바라보며 나아갈 수 있게 만든다. 그래서 기업은 빠른 사회 변화와 시장 환경의 변화에서 생존하기 위해 그 어느 때보다 강한 조직문화를 강조한다.

조직은 공동의 목표를 달성하기 위해 다양한 사람이 모인 집단이다. 삶의 배경이 다양한 사람이 공동의 목표를 달성하기 위해 일터에서 함께 일하고 생활한다. 조직이 추구하는 목표를 빠르고 높게 달성하기 위해서는 일터가 경쟁력을 갖추어야 한다. 일터에는 경영진과 상사, 일이 있으며 함께 일하는 동료가 있다. 이 관계를 통해 조직은 목표와 비전을 달성해 나간다. 일터의 경쟁력은 구성원과 경영진 및 상사, 구성원과 업무 그리고 구성원 간의 관계 수준에 따라 달라진다. 이 관계 속에서 공유하는 가치와 생각 그리고 행동양식이 배타적이고 냉소적인지, 아니면 긍정적이고 적극적인지에 따라 일터의 경쟁력이 좌우된다. 따라서 일터의 경쟁력을 좌우하는 구성원들의 생각과 태도, 행동 수준은 기업이 추구하는 목표와 비전, 기대치를 달성하는 데 결정적인 영향을 미친다.

변화가 빠른 지금, 세계 경제가 거미줄처럼 서로 얽혀 침몰의 끝을 예측할 수 없는 경제 위기의 시대에 기업은 구성원들의 창의적이고 자율적이며 도전적인 생각과 태도 그리고 열정적인 행동을 기대하지 않을 수 없다. 즉, 구성원들이 생활하는 방식인 조직문화의 혁신을 꾀할 수밖에 없게 된 것이다.

"조직문화가 기업의 성패를 좌우하는 한, 그것은 요인이 아니라 기업의 성패 그 자체다."라고 말한 IBM의 루이스 거스너 전 회장이나 "기업문화가 바뀌지 않으면 기업의 지속적인 성장은 불가능하다."고 강조한 GE의 제프리 이멜트 회장의 말을 인용하지 않더라도 훌륭한 조직문화가 지속적인 기업의 성장에 중요한 원동력이 된다는 것은 명백하다.

그렇다면 구성원들의 자율과 창의, 도전과 열정, 자발적인 몰입과 헌신을 이끌어 내는 조직문화는 어떤 것일까? GWP 조직문화가 바로 이 질문에 대한 답을 제공한다.

GWP, 즉 일하기에 훌륭한 일터란 조직 구성원들이 자신의 상사와 경영진을 신뢰하고, 자기 일과 조직에 자부심을 가지며, 함께 일하는 구성원들 간에 일하는 재미가 넘치는 일터를 뜻한다. GWP는 일터에서 리더와 구성원, 구성원과 업무 그리고 구성원 간의 관계 수준을 높임으로써 일터의 경쟁력을 강화시킨다. GWP의 신뢰와 자부심, 재미 요소 중에서 가장 중요한 요소는 바로 신뢰다. 신뢰가 낮은 일터의 구성원들은 자부심은 물론 재미를 느낄 수 없다. 신뢰는 GWP를 만들어 나가는 근간이다. 그래서 훌륭한 일터를 만들기 위한 노력을 신뢰경영이라고 한다.

훌륭한 일터는 함께 일하는 임직원 간의 관계의 질(Quality of Relationship)이 높다. 신뢰는 조직 구성원과 상사와의 관계에서 나타나며, 자부심은 구성원과 업무와의 관계에서 형성된다. 그리고

훌륭한 일터
(GWP: Great Workpalce)
모델
출처 : Great Place To Work® Institute

함께 일하는 재미는 구성원들 간의 관계의 질에서 형성된다. 일터에서 관계의 질이 높을 때, 구성원 개인의 업무 효율이 높아질 뿐만 아니라 구성원들 간의 협력 수준이 높아져 팀 내 또는 팀 간의 업무 효율이 높아진다.

신뢰가 높은 조직문화는 커뮤니케이션의 질과 정보 공유의 수준을 높인다. 커뮤니케이션과 정보 공유가 많아질수록 구성원들의 협력 수준이 높아지며, 구성원 간의 높은 협력 수준은 고성과를 창출한다. 또한 공동체의식을 높여 구성원들이 서로를 가족처럼 생각하고 행동하는 업무 환경을 만든다.

기업의 GWP 수준은 먼저 신뢰경영지수 조사를 통해 평가한다. 또한 신뢰경영지수의 근거를 제공하는 구성원들의 코멘트를 신뢰경영지수와 동일한 범주로 분류하여 평가한다. 마지막으로 기업이 실행하고 있는 GWP 프로그램과 정책 그리고 리더가 현장에서 발휘하는 리더십 행동 등을 신뢰경영지수와 동일한 범주에서 평가한다. 이 평가는 정성적 문화심사(Culture Audit©)라는 도구를 사용한다.

GWP와 조직 시스템의 상호작용

 조직 내에 신뢰 관계가 낮은 일터의 구성원들도 고성과를 창출한다. 구성원과 상사 모두 생산성 향상과 성과를 내기 위해서 열심히 일한다.

임직원 간에 서로 불신이 팽배한 조직문화에서는 구성원들이 수동적인 자세를 보인다. 적극적으로 문제를 해결하려 하지 않기 때문에 리더의 지시와 통제, 밀어붙이는 형태의 관리가 증가한다. 이러한 형태의 관리가 심해질수록 구성원들은 더 많은 스트레스를 받는다. 따라서 신뢰 관계가 낮은 일터에서는 성과가 많이 날수록 구성원들의 스트레스와 불만이 증가하는 현상이 나타난다. 따라서 낮은 신뢰의 일터 문화는 업무 효율과 고성과 창출을 위한 조직의 시

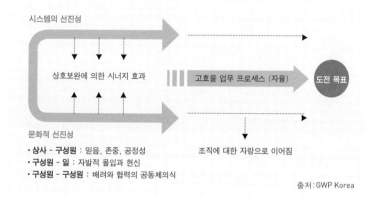

조직 시스템과 GWP의 관계

시스템의 선진성

상호보완에 의한 시너지 효과

고효율 업무 프로세스 (자율)

도전 목표

문화적 선진성
- **상사 - 구성원** : 믿음, 존중, 공정성
- **구성원 - 일** : 자발적 몰입과 헌신
- **구성원 - 구성원** : 배려와 협력의 공동체의식

조직에 대한 자랑으로 이어짐

출처 : GWP Korea

스템이 효과를 발휘하는 데 장애 요인이 된다.

조직 체계나 업무 프로세스, 업무의 지원 시스템, 인사 또는 복리후생 등 선진 조직 체계와 시스템을 갖춘 기업이라 할지라도 일터의 문화 수준이 낮으면 둘 사이에 충돌이 일어난다.

신뢰가 낮은 일터의 구성원들은 타율에 의해 수동적이고 복지부동의 자세로 일을 하는 경향이 있다. 따라서 업무 프로세스의 효율이 낮아질 수밖에 없다. 그리고 지시-통제의 관리에 의존하여 일하기 때문에 목표와 성과가 높아질수록 긴장과 갈등의 일터 문화가 심화된다.

반면 GWP를 구현하는 기업의 구성원들은 높은 신뢰 관계를 유지하면서 생산성 향상과 성과 창출을 위해 노력한다. 신뢰 관계가 두터운 일터의 문화는 자율적이고 창의적인 업무 수행을 인정하고 수용하며, 도전적이고 실험적인 구성원들을 격려하기 때문에 구성원들은 자기 일에 스스로 몰입하게 된다.

일터에서의 관계의 질이 높기 때문에 구성원들은 리더의 지시나 통제가 부담으로 느껴지지 않는다. 또한 구성원들은 리더를 신뢰하기 때문에 조직이 추진하는 프로세스 혁신이나 업무 지원 시스템 혁신 등을 빠르게 수용하면서 현업에 적용시켜 나간다. 조직의 시스템은 구성원들의 적극적이고 긍정적인 운용에 힘입어 고효율의 업무 프로세스 추진의 동력이 된다. 구성원들의 스트레스나 불만도 최소화된다. 구성원들은 자발적으로 업무 효율화를 위한 프로세스 혁신을 추진하기 때문에 조직이 성과를 내면 낼수록 자신의 일에 긍지를 가지고 더 높게 도전한다. 따라서 성과가 많이 난다고 하더라도 구성원들의 심리적 스트레스와 갈등은 그리 크지 않다. 선진 시스템과 문화의 일치는 상호 간의 시너지 효과로 이어져 자율적인 고효율의 업무 프로세스를 촉진시킨다. 또한 조직의 성과는 구성원들의 조직에 대한 자부심으로 이어져 일터 문화를 더욱 경쟁력 있게 만든다.

GWP 조직문화가 주목받는 이유는 바로 일터의 경쟁력을 강화시키는 핵심 역량을 다루고 있기 때문이다. 일터는 구성원들이 조직의 목표를 달성하기 위해 일상적으로 생활하는 곳이다. 그래서 지시를 받는 리더와의 관계, 함께 일하는 구성원들 간의 관계가 중요하다. 이런 관계 속에서 믿음과 존중 그리고 공정성이 피어난다면 구성원들은 강도 높은 업무를 수행한다 할지라도 즐겁게 일할 수 있다. 또한 함께하는 동료들 간의 배려와 협력이 높다면 굳이 강조하지 않더라도 구성원들이 마음속에 희생정신과 주인의식이 저절로 생기게 된다. 그렇기 때문에 기업이 구성원들의 몰입과 헌신 그리고 조직의 방침과 제도에 대한 협력을 이끌어 내려면 무엇보다도 조직 내부의 신뢰가 전제되어야 한다. 구성원들의 경쟁력을 강화시키기 위해 '일하기 훌륭한 포춘 100대 기업'은 조직 내부의 신뢰를 보이지 않는 경영 자산으로 인식하고 신뢰를 두텁게 하는 데 많은 노력을 쏟고 있다.

국내 기업에도 구성원들의 경쟁력을 강화시키기 위해서 일하기 좋은 일터를 만들어야 한다는 인식이 확산되고 있다. 실제로 국내의 많은 기업이 신뢰를 바탕으로 한 일터의 경쟁력 강화를 위해 GWP 경영을 실천하고 있다. 이것은 기업들이 조직의 시스템이 제대로 작동하여 효과를 발휘하기 위해서는 임직원 공통의 가치관과 사고 그리고 행동의 집합체인 일터 문화의 선진화를 추구해야 한다는 점을 깊이 깨닫기 시작했음을 뜻한다.

CHAPTER

2

GWP의
핵심 가치

GREAT WORK PLACE

믿음Credibility

신뢰 관계를 높이는 첫 번째 요소는 믿음이다. 믿음은 쌍방의 관계에서 성립되는 요소다. 일터에서 믿음의 수준은 리더와 구성원 간의 관계 속에서 나타나는 구체적인 행위의 반복적이고 연속적인 선상에서 결정된다. GWP에서 믿음은 구성원이 경영진과 상사의 리더십 행위를 바라보는 제3자적 시각이다. 즉, 경영진과 상사의 커뮤니케이션 역량, 사업 추진 및 비전 추구 능력 그리고 그들의 일관된 성실성 및 정도를 추구하는 윤리 경영의 수준을 반영한다. 믿음의 수준을 높이는 리더의 행위 중에서 커뮤니케이션 역량은 조직 내 신뢰 관계에 결정적인 영향을 미친다.

첫째 | GWP 커뮤니케이션 _ 리더는 대화하기 편안한 상대

직급이나 직위에 관계없이 가능하면 모든 구성원과 회사의 변화 사항을 공유하라. 구성원들은 미디어나 외부로부터 기업의 변화 사항이나 경영 상태를 전해 듣기 원하지 않는다. 기업의 생존에 절대적인 영향을 미치는 정보가 아니라면 가능한 한 많은 정보가 조직 내에 공유되는 것이 좋다. 이는 구성원들의 협력 수준을 높이는 것은 물론, 헛소문이나 정치적 행위를 차단할 수 있다.

구성원들이 조직에 반감을 가진 질문을 하더라도 진솔한 답변과 피드백을 주어라. 구성원들이 알고 싶어 하는 정보나 사항은 대부분 합리적이며 조직의 발전을 염려하는 것들이다. 구성원들의 질문이나 제안을 경청할 때 일터의 문제는 70퍼센트 이상 해결된다. 그러나 대부분의 리더는 자신의 이야기만 하는 경향이 있다. 구성원들이 최고경영자나 리더와 어떤 대화든지 나눌 수 있다는 느낌을 가질 수 있도록 하라. 이것이 쌍방향 커뮤니케이션의 핵심이다.

경청은 리더의 커뮤니케이션 역량의 결정체라고 할 수 있다. 경청은 리더가 겸허한 자세, 열린 생각, 수용과 인정의 태도를 가질 때에만 가능하다. 조직 내에 아무리 많은 커뮤니케이션 채널과 다양한 소통 방법이 있다 하더라도 최고경영자와 리더가 진심으로 들으려 하지 않는다면 커뮤니케이션 채널은 제대로 효과를 발휘하지 못한다. 상부에서는 조직의 비전이나 정책 그리고 방침을 모두 전달했다고 말하고, 구성원들은 아무것도 듣지 못했다고 말한다면 갈등을 줄일 수 없다. 그래서 GWP 커뮤니케이션 역량은 최고경영자와 리더의 명확한 의사전달 능력 및 경청 능력에 따라 좌우된다.

커뮤니케이션의 수준은 조직 내 정보 공유의 범위와 수준에 영향을 미친다. 정보 공유의 정도는 구성원들의 협력 수준을 결정한다. 구성원들은 정보가 더 많이 공유되어 더 많이 이해할수록 조직의 방침이나 변화에 기꺼이 협조하려는 성향을 보인다. 구성원들의 협력 수준은 궁극적으로 조직의 성과에 영향을 미친다. 따라서 리더의 커뮤니케이션 역량은 기업의 고성과 창출에 큰 영향을 미친다.

많은 기업이 조직 내 소통을 원활하게 하기 위해 다양한 커뮤니케이션 채널을 활용하고 있다. 인트라넷, 이메일, 간담회 또는 사내보를 통해서 조직의 비전이나 변화 사항, 사내 소식 등을 전달한다. 그럼에도 불구하고 구성원들은 조직 내 커뮤니케이션이 차단되어 있다고 말한다. 목표 달성을 위한 회사의 방침과 정책 등은 폭포수처럼 쏟아져 내려오는데, 정작 그것을 왜 해야 하는지 알 수 없다며 지금의 일도 버겁다고 불평한다. 또한 구성원들이 제대로 일을 하기 위해 필요한 자원이나 장비 등을 상부에 요구하면 되돌아오는 답이 없다고 말한다.

쌍방향 커뮤니케이션이 제대로 이루어지려면 리더와 구성원 간의 심리적 거리감이 줄어들어야 한다. 구성원들에게 최고경영자와 리더는 언제든지 찾아가서 고충을 말할 수 있는, 자신들 가까이에 있는 지원자로 느껴지도록 해야 한다. 직급의 차이에서 오는 심리적 거리감은 리더가 먼저 풀어 주지 않으면 결코 줄일 수 없다.

'일하기 훌륭한 포춘 100대 기업'에 포함된 퀵큰론즈(Quicken

Loans)의 최고경영자는 구성원들과 심리적인 거리감을 없애기 위해 최고경영자 대화창을 활용한다. 그는 사내 인터라넷에 설치된 최고경영자 대화창을 통해 회사의 크고 작은 뉴스를 전달하고, 공연이나 스포츠 티켓을 나누어 주는 이벤트를 펼친다.

'목요 티켓창(Ticket Window Thursday)'은 구성원들이 직통 라인을 통해 최고경영자에게 전화를 걸어 공연이나 스포츠 티켓을 따내는 이벤트이다. 당첨 복권 번호처럼 사번이 당첨되면, 최고경영자와 간단한 전화 인터뷰를 거쳐 티켓을 받는다. 이러한 이벤트를 통해 최고경영자는 구성원들이 자신을 가까이에 있는 리더, 언제든지 대화할 수 있는 리더라는 느낌을 갖게 만든다.

필자가 종업원 수가 2만 5천 명이 넘는 텍사스 인스트루먼트(Texas Instrument)를 방문했을 때, 엘리베이터에서 입사 3년차의 여성 엔지니어를 만났다. 그녀에게 이 회사의 최고경영자는 어떤 사람이냐고 물었다. 그녀는 자신의 CEO는 언제, 어디서든 만날 수 있는 매우 겸손하고 편안한 사람이라고 말했다. 최고경영자를 만나본 적이 있느냐는 질문에는 한 번도 만난 적이 없다고 답했다. 그녀는 어떻게 한 번도 대면한 적이 없는 최고경영자가 언제든 가까이 다가갈 수 있는 리더라고 생각하는 것일까?

이 회사는 두 달에 한 번씩 최고경영자와 함께하는 라운드테이블 미팅을 진행한다. 라운드테이블 미팅을 주관하는 팀은 간담회에 참석할 구성원들을 직급에 관계없이 무작위로 선출한다. 참석 인원도 40~50명 내외로 한정시킨다. 이 미팅에는 최고경영자가 지켜야 할 원칙과 구성원들이 누리는 특혜가 있다. 최고경영자는 구성원들의 사적인 질문, 업무나 회사 재정 또는 정책 관련 질문 등 그 어떤 질문에도 정직하고 성실하게 대답할 의무가 있다. 또한 참석자들에게는 라운드테이블 미팅에서 어떤 안건을 제의하든, 어떤 질문을 하든 인사상의 불이익을 당하지 않는다는 면책 특권이 주어진다.

이렇게 진행되는 최고경영자와의 미팅에서는 개인적인 질문은 물론, 회사의 정책이나 향후 비전, 대내외적 환경 변화 등 다양한 질문과 답이 오간다. 언젠가 참석자 한 명이 최고경영자의 연봉과 성과급의 액수를 물었다. 최고경영자는 웃으면서 자신의 연봉을 말해 주고 싶지만, 회사 규정상 연봉을 다른 사람한테 이야기하면 해고가 되기 때문에 말해 줄 수 없다고 답했다. 그리고 자신은 이 회사에 더 머물고 싶기 때문에 해고당하면 안 된다고 덧붙여 미팅장을 웃음바다로 만들었다.

이 일화는 회사가 정한 규정이나 방침을 최고경영자도 예외 없이 지키고 있다는 점을 구성원들에게 인식시켜 줌으로써 최고경영자에 대한 구성원들의 신뢰를 두텁게 만든다. 그리고 이 미팅 결과는 24시간 이내에 미국 전역에 알려진다. 이를 통해 라운드테이블 미팅은 최고경영자와 구성원들 간의 간접적 만남 효과를 가져다 주기도 한다.

국내의 많은 기업이 커뮤니케이션 활성화를 위해 최고경영자와의 간담회, 도시락 미팅 또는 현장 방문 등을 시행하고 있다. 그러나 구성원들은 형식적이고 일방적인 간담회를 불편해 한다. 간담회를 주관하는 팀은 혹여 엉뚱한 질문이 나와 자신들에게 불똥이 튀지 않을까 노심초사한다. 질문이 나오지 않을까 봐 미리 질문을 받아 사회자가 풀어 나가거나 질문자를 미리 정해 놓거나 질문 내용을 사전에 검토한 후 정제된 내용을 가지고 간담회를 진행하기도 한다. 간담회 중에 질문 한 번 잘못해서 윗사람의 심기를 불편하게 하면 당장에 "저 사람은 누구야?", "다시는 내 앞에 보이지 않게 해!" 등의 질책으로 의사소통을 막는 경우도 있다. 간담회가 윗사람 중심으로 진행되는 경우, 답변을 얼버무리는 경우, 리더의 스케줄에 따라 간담회 일정이 수시로 바뀌거나 취소되는 경우에는 오히려 대화의 장을 마련하지 않는 편이 낫다.

구성원들의 의견을 경청해야 한다는 생각으로 많은 기업이 무기명으로 불만사항이나 제안을 올릴 수 있는 고충 처리 채널을 운영하고 있다. 그러나 고충 처리 또는 의견 개진의 창구는 제대로 활용되지 않는다. 구성원들은 그런 채널을 통해 자신들의 불만이나 행동이 감시당하고 있다는 것을 잘 알고 있다. 또한 불만을 토로하거나 이의 제기를 하여 인사상 불이익을 당한 구성원이 종종 있었기에 대부분 활용할 생각을 하지 않는다. 리더와 구성원 간의 믿음 수준이 낮기 때문에 윗사람이 아무리 말해보라고 요구해도 구성원들의 머릿속에는 윗사람에게 듣기 좋은 말만 해야 한다는 생각이 가득 차 있다.

진정으로 구성원들의 믿음을 얻기 위해서는 그들이 제안하거나 질문한 것에 대한 명확한 피드백이 있어야 한다. 그리고 그들의 제안이 단순히 포상으로만 이어지는 것이 아니라 업무에 적용되어야한다. 그래야만 구성원들은 경영진이나 상사가 자신들의 이야기에 귀를 기울인다고 생각한다.

배터리 제조업체인 아트라스비엑스의 GWP 경영 비전은 '정직을 바탕으로 한 멋과 재미가 넘치는 일터 구현'이다. 이 회사의 최고경영자인 이종철 사장은 3년 동안 매달 현장 사원들과 간담회를 진행하고 있다. 구성원들은 사적인 내용에서부터 회사의 비전이나 재정, 성과급 공유, 사무 환경 개선에 이르기까지 최고경영자와 격이 없는 대화를 나눈다. 한 번은 간담회 참석자가 추석 선물을 좀 더 비싼 것으로 해줄 것을 건의했다. 최고경영자는 건의자에게 선물의 의미가 무엇인지 되물었다. 그런 다음, "선물이란 회사가 구성원들의 노고에 고마움을 표시하는 정성이다. 선물을 받는 사람이 선물 값을 정한다면 그건 선물이 아니라 뇌물이다."라고 답했다. 그러고는 진솔하게 회사는 구성원들에게 뇌물을 줄 생각이 없다고 덧붙였다. 최고경영자는 회사의 비전이나 구성원들과 공유할 성과급 등을 정직하게 이야기한다. 그리고 목표가 초과 달성되었을 때, 구성원들과 한 약속을 지킨다.

그는 조직 내 커뮤니케이션 활성화 방안에 대해 이렇게 말한다.

"구성원들이 어떤 질문을 하든지 단순하고 명쾌하게 응답합니다. 회사가 구성원들이 일을 잘 할 수 있도록 해줄 수 있는 것은 즉시 처리하고, 회사가 해줄 수 없는 것은 그 이유를 명쾌하게 설명합니다. 설령 그 순간이 불편하다고 할지라도 구성원들은 지키지 못할 약속보다는 솔직한 답변에 더 신뢰를 보냅니다. 이렇게 할 때, 구성원들은 경영진을 믿고 따릅니다."

간담회를 주관하는 조직문화팀은 간담회를 통해 구성원들의 질문 기술도 향상된다고 말한다. 구성원들은 질문을 하면서 자신이 예의를 지키며 이야기를 하는지, 자신의 의견이나 질문이 상식적으로 통하는 것인지, 이기적인 생각이나 감정이 섞여 있지 않은지 등을 고민한다. 이처럼 좋은 간담회는 리더와 구성원이 서로 대화를 성숙시켜 나가는 커뮤니케이션 도구가 되기도 한다.

커뮤니케이션의 핵심은 다음과 같다.

- 가능하면 직급에 관계없이 회사의 변화 사항이나 정보가 현장에까지 똑같이 전달될 수 있게 하라.

  회사의 존폐가 달린 사항이 아니라면 구성원들과 가능한 한 모든 정보를 공유하라. 경영 현황과 재무구조뿐 아니라 내·외부 환경의 변화와 경쟁사의 변화 등 많은 것이 공유될수록 구성원들은 조직에 더욱 협조적인 자세를 취한다.

- 어려운 질문이나 요구 사항에 우회적으로 표현하지 말고 진술하게 답변하라.

  구성원들의 제안이나 질문, 불만 사항 등에 대해 조직은 성실하게 답변할 의무가 있다. 질문이 많고 제안이 많다는 것은 조직을 사랑하고 있다는 증거다. 무관심한 사람은 의심조차 하지 않는다. 구성원들은 돌아오지 않는 메아리에 지쳐 있다. 사소한 질문이라 할지라도 구성원들을 존중하는 마음으로 정성껏 답변해야 한다.

■ 리더는 권위적인 태도를 버려라.

경영진이 권위적이고 보수적인 조직의 문화는 경직될 수밖에 없다. 치열한 경쟁과 변화에 구성원들이 빠르게 대처할 수 있도록 하려면, 리더가 먼저 권위의식을 버리고 유연한 일터 분위기를 만들어야 한다. 윗사람이 목에 힘을 주고 있는 조직에서 어떻게 구성원들이 자율적으로 생각하고 행동하며 창의적으로 일할 수 있을까?

둘째 | 비전 공유 _ 구성원의 가슴을 울렁이게 하는 비전

모든 기업은 각자 나름대로 멋진 비전을 가지고 있다. 때로는 현란한 언어로, 때로는 간단명료한 숫자로 향후 십 년 이상을 내다보며 기업의 비전을 만든다. 그리고 구성원들에게 비전을 설명하고 이해시키려고 노력한다. 새로 만든 비전을 액자 속에 넣어 부서마다 걸어 놓거나 포스터를 만들어 눈에 잘 보이는 곳에 붙이기도 한다. 하지만 조직의 이러한 노력에도 불구하고 대부분의 구성원은 비전을 언어 그 자체로만 받아들인다.

구성원들은 회사의 비전이 자신에게 어떤 의미가 있는지, 비전이 달성되면 자신의 무엇이 달라지는지, 현재 회사가 얼마만큼 성장해 있는지 자세히 알지 못한다. 따라서 구성원들은 비전에 대한 공감대를 갖지 못한다. 이러한 비전은 공허한 메아리에 불과하다. 구성원들은 스스로 공감하지 못하는 비전을 달성하기 위해 자신의 모든 것을 내던지지 않는다. 시간이 흐르면서 멋진 비전의 빛은 위력을 잃어 간다.

구성원들에게 감동을 주는 비전은 공유하는 비전이다. 일방적으로 설명하거나 전달하는 비전이 아니라 그것이 구성원들과 어떤 관계를 가지는지 공감대를 형성해야 한다. 또한 비전이 달성되었을 때 그 결과를 구성원들과 어떻게 공유할 것인지에 대해 조직과 구성원 간의 공감대가 형성되어야 한다. 조직이 번영하고 성장하는 만큼 자신도 비례적으로 번영하고 성장한다는 인식이 생길 때 구성원들의 마음은 움직인다.

리더는 비전 달성을 위한 전략이나 방향 그리고 구체적인 수행 방법을 명확히 안내할 필요가 있다. 바다를 항해해야 할 배가 산으로 가고 있다고 느껴지면 구성원들은 배의 선장을 믿고 따르지 않는다.

조직의 비전과 개인 비전 간의 공통분모가 클수록 구성원들은 비전 달성을 위해 더욱 노력한다. 사업 비전이 달성되면 회사의 실적이나 이익은 매체를 통해 떠들썩하게 보도된다. 하지만 막상 구성원들에게 돌아오는 것은 그리 크지 않다면, 또한 자신들이 일만 하는 부품처럼 느껴진다면 구성원들의 가슴은 감동으로 울렁거리지 않는다. 조직이 번영하는 만큼 구성원들도 비례적으로 번영하는 삶을 누려야 한다. 구성원들의 삶의 번영은 물질적인 것을 넘어 정신적 풍요까지 포함한다.

꿈이 있는 조직, 그 꿈에 리더와 구성원 모두가 공감하고 기꺼이 동참하는 조직은 탁월한 재능을 가진 인재들에게 매력적으로 느껴질 수밖에 없다. 공유하는 비전은 어려운 환경에서도 구성원들을 집결시키는 원동력이 되며 구성원들의 자발적인 몰입과 헌신을 이끌어 낸다.

필자는 국내 굴지의 보험회사의 GWP 조직문화를 컨설팅하면서 임원과 관리자, 구성원을 상대로 비전과 핵심 가치 공유에 대한 설문조사를 진행하였다.

1. 회사가 추구하는 비전은 무엇인가?
2. 최고경영자가 강조하는 가치는 무엇인가?
3. 회사에서 중요시하는 문화적 가치나 규범은 무엇인가?
4. 개인이 직장생활을 하면서 소중하게 여기는 가치는 무엇인가?

이 네 가지 질문에 대해 임원, 관리자, 구성원들의 인식이 모두 달랐다. 그룹 차원의 비전과 회사의 경영이념에 대한 인식이 혼재되어 있었으며, 구성원들의 가슴에 비전이 녹아 있지 않았다. 비전은 임직원들의 사고와 행동의 기준이 되는 핵심 가치를 도출하는데 중요한 열쇠가 된다.

구성원들은 서로의 생각과 가치가 다를 경우, 이기적인 잣대와 개인의 가치에 따라 행동한다. 구성원들이 공통적인 가치와 규범에 따라 행동하지 않으면 일터의 경쟁력은 취약해질 수밖에 없다. 조직이 비전을 공유하고 이를 달성해 나가는 방법을 명확히 제시할수록 구성원들의 응집력이 강해지면서 시너지 효과를 낼 수 있게 된다.

비전 공유의 핵심은 다음과 같다.

■ 계속해서 비전을 공유하라.

계속해서 비전을 공유하면 구성원들의 가슴을 울렁이게 만들 수 있다. 리더는 구성원들이 한 배를 타고 목적지에 도달하면 그 결과를 공유한다는 확신을 심어 주어야 한다. 또한 비전을 달성할 수 있는 방법을 구체적으로 보여 주어야 한다. 뜬구름 잡는 목표나 가야 할 길이 잘 보이지 않는 비전은 구성원들의 불신을 배로 증가시킨다.

■ 경영진의 바람을 정확히 전달하라.

구성원들은 리더의 기대 사항을 오해하는 경우가 많다. 리더의 바람이 모호할수록 구성원들은 미래에 대해 불안감을 갖는다. 조직이 항해를 하기 전에 살펴볼 것이 있다. 목적지가 그려진 지도를 가지고 있는가? 목적지까지 가는 길이 지도에 구체적으로 그려져 있는가? 구성원들은 리더가 확실한 미래를 위해 자신들이 무엇을 어떻게 해야 하는지 안내해 주길 원한다.

셋째 | 권한위임 _ 자율적 결정 권한이 많은 일터

경영 이론에서 권한위임은 낡은 용어라고 할 만큼 오래전부터 사용되어 왔다. 그럼에도 불구하고 국내 기업의 신뢰경영지수 조사 결과에서 권한위임 범주에 대한 구성원들의 긍정적인 답변은 30퍼센트를 넘지 못했다. 특히 제조업 현장의 권한위임에 대한 구성원들의 긍정적인 반응은 평균 15~20퍼센트에 머물렀다. 이 통계는 한국 기업들은 여전히 권위적이고 위계질서를 중시하는 경직된 조직이라는 점을 잘 보여 준다. 또한 구성원들은 주어진 일을 기계적으로 수행하며, 새로운 방법으로 일을 시도하거나 자율적으로 결정하여 업무를 추진하기 어렵다는 점을 시사한다. 구성원들은 소소한 것조차 상사에게 보고를 하고 결재를 받는다. 뿐만 아니라 관리자 선에서 충분히 논의되고 결정된 사항도 위로 갈수록 바뀌는 것을 많이 경험한다.

그러나 고어텍스나 사우스웨스트 항공사, 노드스트롬사와 같은 '일하기 훌륭한 포춘 100대 기업'은 고객과의 접점에서 일하는 사원이나 생산 라인에서 일하는 현장 사원들의 판단과 의견을 존중한다. 그들이 직무를 수행하는 데 필요한 권한을 적절히 위임해 줌으로써 고객을 행복하게 만들 창의적인 방법이나 생산성 향상 및 품질 혁신을 위한 다양한 시도가 가능하도록 협조한다. 이런 기업에서는 표준화되고 획일적인 고객 서비스를 찾아보기 힘들다. 구성원들이 자율적으로 창의성를 발휘해 주길 원한다면 조직은 그들이 실패하고 도전할 수 있는 기회를 주어야 한다.

그렇다면 왜 적절한 권한위임과 공유가 어려운 것일까? 책임을 지지 않으려는 리더의 보신주의적인 태도와 배타적인 이기심이 가장 큰 원인이다. 리더 자신이 잘 알지 못하는 일은 불안해서 맡길 수 없고, 너무 잘 아는 일은 자신보다 더 잘 해낼 인재가 없다는 우월감 때문에 권한을 위임하지 못한다. 또한 리더 자신을 거치지 않는 일은 그에 따른 상실감 때문에 제대로 진행시키려 하지 않는다.

H사의 GWP 포스터를 만들 때의 일이다. H사는 제조업의 특성상 권위적이고 경직된 조직이어서 파격적인 포스터를 통해 조직에 충격을 주기로 했다. 고민을 한 끝에 소통에 관한 것을 주제로 패러디 포스터를 만들었다. 문화 추진 담당자에 의해 포스터를 접한 최고경영자는 문구를 수정하면서까지 상세하게 살펴보았고, 최종 결재를 하였다. 이 포스터는 임직원들의 생각을 자극하기에 충분했으며 조직문화의 혁신이 시작되었다는 느낌을 전달해 주기에 부족함이 없었다.

하지만 예상하지 못한 문제가 발생했다. 최고경영자의 결재를 홍보 담당 상무가 뒤집은 것이다. 아직 우리 문화에 맞지 않는 내용이라는 것이 불가의 이유였다. 하지만 실질적인 주된 이유는 홍보 담당 임원과 상의하지 않았다는 것이었다. 리더의 불쾌감이 크게 작용한 것이다. 자신의 파워를 보여 주려 한 홍보 담당 상무에 의해 문화 추진 담당자는 좌절할 수밖에 없었다. 포스터를 붙이기만 하면 찢어 버리겠다는 상사, 귀를 막아 버린 상사에게 어떤 설득이나 해명도 통하지 않았다.

어떤 조직이든 이와 같은 사례가 비일비재하다. 리더가 잠을 자지 못하는 밤에는 구성원 모두가 잠을 자지 말아야 한다. 리더가 퇴근하지 않으면 구성원들 역시 퇴근할 수 없다. 아무리 좋은 제안이라 하더라도 리더가 회의장에서 틀어 버리면 그것은 결코 채택될 수 없다. 이처럼 직위에서 오는 파워의 위력은 위로 올라갈수록 더욱 심해진다.

새로운 것을 시도해 보려고 노력할 때 상사가 "하던 일이나 잘해." 하고 한마디 툭 던지면 새로운 시도는 물 건너간다. 구성원들이 느끼는 자율적인 결정 권한은 큰 것이 아니다. 하찮은 것일지라도 경험하고 느낄 수 있는 자율성을 주는 것이 바로 권한위임이다.

구성원들에게 주어지는 적절한 권한위임은 주어진 목표를 더욱 쉽고 빠르게 달성시키는 효과를 이끌어 낼 수 있다. 이러한 권한이 리더에 의해 눌려지거나 박탈당하지 않아야 유연하고 창의적인 업무 수행을 기대할 수 있다. GWP를 구현하는 기업은 최선을 다한 구성원들의 실수를 감싸 주고 배움의 기회를 부여한다. 이 기업의 리더들이 구성원들의 업무 수행을 점검하고 관리하는 방법은 일반 기업과 다르다. 권한위임은 리더가 기존의 '지시-통제' 중심의 관리 방법을 '지원-코칭' 중심의 관리 패러다임으로 바꿀 때에만 가능하다.

권한위임의 핵심은 다음과 같다.

■ 구성원들이 목표 달성을 위해 일을 할 때 그에 합당한 권한을 과감하게 위임하라.

이때 중요한 것은 주어진 권한 만큼 책임을 분명히 하는 것이다. 권한위임 후 업무 결과가 기대 이하일 경우, 처음 동의했던 책임의 원칙을 그대로 시행해야 한다. 서로가 정한 규칙을 지키는 것은 다른 구성원들의 업무 수행 태도와 행동에 영향을 준다. 구성원들은 자신이 실수를 하면 감봉되거나 경고 조치를 받을 수 있다고 생각하여 고민하고 또 고민한다.

■ 주어지는 권한이 적절한지 고민하라.

리더가 구성원들의 역량과 수준 그리고 관심사를 제대로 파악할 때 그들의 수준에 맞는 권한을 위임하게 된다. 구성원들은 분에 넘치는 권한을 위임받기 원하지 않는다. 또한 그들은 자신에게 맡겨진 일을 수행할 때, 리더가 사사건건 간섭하고 챙기는 것을 원치 않는다. 따라서 리더는 한 번 위임한 권한의 결과를 기다리는 인내심을 가질 필요가 있다.

■ 구성원들을 재학습시켜야 한다.

GWP 기업은 구성원들이 주어진 적절한 권한을 업무 수행 시 잘 활용할 수 있도록 끊임없이 권한위임과 책임에 대한 교육을 시킨다. 위임을 받은 권한이 업무 목표를 달성하는 데 활용되어야 하며, 수반되는 책임의 의미가 무엇인지 이해시켜야 한다. 또한 자율적 업무 수행은 구성원들의 일에 대한 높은 윤리 의식이 수반된다는 점도 잊지 말아야 한다.

넷째 | **사업 추진 역량 _ 적재적소에 인재 배치와 조정 능력**

구성원들은 사업 추진에 필요한 인재와 자원을 잘 조정하고 자사의 문화와 특성에 맞는 인재를 채용하는 역량 있는 최고경영자와 리더를 믿고 따른다. 더불어 그들은 사소한 것까지 간섭하고 감독하지 않아도 구성원들이 알아서 잘 하리라는 믿음을 보여 주는 리더를 신뢰한다. 또한 구성원들은 리더가 사업 추진 방향과 전략을 통해 조직이 성장해 나갈 수 있는 기술이나 역량을 갖출 뿐 아니라 구성원들에게 사업 비전을 명확히 보여 줄 때 리더를 믿고 따른다.

구성원들은 조직이 어떤 인재를 채용하는지에 많은 관심을 보인다. 특히 최고경영자나 임원들의 인사이동은 구성원들에게 초미의 관심사다. 이는 그들이 구성원들에게 미치는 영향력이 너무 크기 때문이다. 구글의 공동 창업자인 레리 페이지(Larry Page)와 세게이 브린(Sergey Brin)은 일주일의 반 이상을 사원 채용에 할애한다. 그들은 최고의 인재를 채용하여 최고의 업무 환경을 제공하면 최고의 성과가 날 것이라고 믿는다. 그래서 그들에게 있어 사원 채용은 중요한 역할 중의 하나다.

사무용품 전문 유통업체인 컨테이너 스토어는 '한 명의 위대한 종업원이 만들어 내는 결과는 세 명의 좋은 종업원이 성취한 결과와 같다.'는 채용 철학을 현장에서 실천하고 있다. 그래서 자사의 문화에 맞는 훌륭한 인재가 들어올 때까지 구성원들은 서로 협력하면서 공백 기간을 채운다. 또한 채용 과정에 함께 일할 팀원들을 참여시킴으로써 팀 문화에 맞는 인재를 선택할 수 있는 기회를 제공한다.

온라인 쇼핑몰 재포스(Zappos.com)의 최고경영자와 리더들은 입사 지원 당시에는 발견되지 않았지만, 일을 하는 도중에 자사의 문화와 맞지 않는 신입사원이 종종 있다는 것을 깨달았다. 적재적소의 인사 배치가 사업 성과에 큰 영향을 미친다는 것을 잘 알기 때문에 재포스는 이들을 걸러 내는 채용 시스템을 갖추고 있다. 재포스는 신입사원이 연수를 받는 4주 동안 오퍼링(The Offer) 프로그램을 운영한다. 연수를 시작한 지 2주 후에 모든 신입사원은 퇴사할 수 있는 기회를 부여받으며, 회사는 퇴사를 희망하는 신입사원들에게 2,000달러를 지불한다. 물론 이 기간에 회사도 퇴출시켜야 하는 구성원을 추려낸다. 재포스는 사원들이 경제적인 이유 때문에 이 회사에 다니는 것을 바라지 않는다. 이곳에서 일하는 것을 진정으로 원하는 사람들만이 남아 있기를 원한다. 2,000달러짜리 신입사원 퇴사 프로그램은 재포스의 문화가 그들에게 맞는지, 일하고 싶은 회사인지를 평가할 수 있는 기회를 제공한다. 이 프로그램은 남아 있는 신입사원들에게도 긍정적인 영향을 미친다.

스테이션 카지노(Station Casino)의 경우, 사원을 채용할 때 능력보다 인성을 중요시한다. 다양한 방법으로 인성과 성품을 평가한 후, 합격한 사람에 한하여 능력을 평가한다. 이 회사의 HR 담당 부사장은 "회사는 구성원들의 부족한 능력을 키워 줄 수 있지만 타고난 성품이나 오랫동안 습관화된 인성은 바꿀 수 없다."고 말한다.

리더의 사업 추진 역량은 인사 배치를 잘 조정하는 수준에 따라 결정된다. 구성원들은 리더가 기업의 재무를 잘 분배하는지, 사람을 적재적소에 배치하여 최대의 효과를 가져 올 수 있게 하는지를 살피면서 리더의 역량을 가늠한다. 역량이 있는 리더는 적절한 시기에 올바른 의사결정을 하는 탁월한 통찰력이 있다. 구성원들은 리더가 합리적이고 정확한 의사결정을 빠르게 내려 줌으로써 업무 추진을 쉽고 재미있게 만들며 조직의 성과를 창출해 가는 조력자가 되어 주기를 희망한다. 리더는 업무량에 따라 공정하게 인력 배치를 하며 부문 간, 부서 간 그리고 구성원 간의 갈등을 최소화시켜야 한다. 본인의 의사와는 상관없이 배치된 부서가 365일 내내 일하는 조직인 데 비해, 타 부서의 구성원들은 정시에 퇴근을 하고 휴일을 제대로 즐긴다면 상대적 박탈감 때문에 리더를 불신하게 된다. 전문성 때문에 순환보직 또는 부서 이동이 어렵다면 다른 방법으로 노력을 인정해 주어야 한다.

리더의 사업 추진 역량의 핵심은 다음과 같다.

- **자사의 문화에 적합한 인재를 채용하는 프로세스를 만든다.**

  자사의 비전과 문화적 특성을 고려하여 새로운 인재를 채용해야 한다. 해당 부서의 구성원들이 채용 과정에 참여하는 것도 바람직하다. 그 이유는 함께 일하게 될 후배 사원 또는 동료가 팀원들과 잘 어울릴 수 있는지, 팀의 업무 특성에 필요한 잠재 능력을 가지고 있는지를 가장 잘 파악할 수 있기 때문이다. 신입사원 또는 경력사원을 무더기로 뽑아 전공이나 관심사에 따라 배치하는 것은 업무 현장과 거리를 가진 리더나 인사팀의 탁상공론적인 채용 방식이다. 기술력이나 재능을 가진 경력사원들을 채용하는 조직일수록 조직 내 갈등이 심화되는 이유도 여기에 있다, 사원을 채용할 때 많은 포춘 100대 기업은 구성원들이 채용의 전도사가 되며, 우수 인재를 소개하여 채용에 성공했을 경우 파격적인 성과급을 제공한다. 이러한 정책이 왜 계속해서 확대되고 있는지 한 번쯤 고민해 볼 필요가 있다.

- **적재적소에 인재를 잘 배치하고 조정할 수 있어야 한다.**

  턱없이 부족한 인력으로 고통을 받는 부서가 있는가 하면, 같은 급여를 받으면서도 여유 있게 일을 하는 부서가 있다면 구성원들은 리더의 역량을 의심하게 된다. 비용 절감을 해야 한다는 이유로 구성원들을 극도의 피로와 스트레스에 시달리게 하면서 성과를 달성하려는 리더의 욕심은 일선 현장의 상황을 제대로 파악하지 못하는 데에서 비롯한다. 이는 조직 내 갈등과 불신을 심화시키는 결과를 가져온다.

■ 비전 달성 방법과 방향을 제시해야 한다.

구성원들은 리더가 이끌어 가는 방향이 명확할 때에 기꺼이 동행한다. 비전 달성을 위한 정책이나 방침이 너무 자주 바뀌거나 목표 달성을 위한 업무 수행 시 부문 간, 부서 간, 심지어 구성원 간에 업무 중복 문제가 자주 발생하여 조직의 효율성이 떨어지면 리더를 믿고 따를 수 없다. 수시로 떨어지는 수명 업무로 인한 혼선이 자주 나타날 때에도 리더의 사업 추진 역량은 시험대에 오를 수밖에 없다.

다섯째 | 윤리경영 _ 일관된 성실성과 정직한 행동

기업의 입장에서 윤리경영은 사회적으로 지탄받는 일은 하지 말아야 한다는 지극히 상식적인 선에서 이해된다. 기업의 최고경영자나 리더가 뇌물을 받거나 회사 재산을 은닉하거나 내부 프로세스를 어기며 정도를 지키지 않을 때 법적인 하자가 없다 할지라도 사회적 윤리성과 도덕적 책임을 면하기 어렵다. 조직의 리더는 공인이기 때문에 그들의 비윤리적 행위는 개인 문제로 치부되지 않는다. 리더의 위치에 서는 순간, 스스로 윤리적이고 정직하게 행동한다고 생각할지라도 리더의 지시를 받는 구성원들이나 주변 사람들이 리더십 행위를 비윤리적이고 부정직하다고 말한다면 그는 비윤리적인 리더가 된다.

GWP 윤리경영은 리더의 정직성 및 일관된 성실성에 의해 그 수준이 결정된다. 구성원들은 리더가 약속을 지키지 않거나 언행이 일치하지 않는 경우에 리더를 믿고 따를 수 없다고 판단한다. 뿐만 아니라 리더가 업무를 수행할 때 회사 규정을 지키지 않는 경우 구성원들의 존경과 조직에 대한 헌신을 이끌어 내기 어렵다.

대부분의 리더는 기업이 정한 규정과 규범을 준수하며 정직하고 윤리적인 리더십 행위를 발휘한다. 그럼에도 불구하고 신뢰경영지수를 측정할 때 리더의 윤리경영지수가 낮은 이유는 일관된 성실성이 결여되어 있기 때문이다. 평소에는 잘 나타나던 리더의 정직성과 성실성은 조직에 급격한 변화가 생기는 경우 또는 목표 달성에 대한 압박으로 인해 심한 스트레스를 받는 경우에 일관성을 상실하는 경우가 많다.

리더는 종종 부하들이 더 높은 목표를 달성하도록 하기 위해 임기응변식으로 지키지 못할 약속을 한다. 신상필벌(信賞必罰)을 명확히하겠다고 공언하였음에도 불구하고 개인의 사정이나 감정에 따라 수시로 마음을 바꾼다. 또한 납기가 지연되거나 중간에 일이 틀어져서 결과가 제대로 나오지 않을 것이라고 판단되면 일관성과 원칙을 깨고 목표 지향적으로 변한다. 이러한 상황이 아주 가끔씩 나타난다 할지라도 구성원들은 리더의 일관된 성실성과 정도를 의심하며 리더의 윤리의식이 낮다고 생각한다.

많은 기업이 내세우는 윤리경영은 큰 정책이나 방침 또는 교육을 통해 조직에 뿌리내려지지 않는다. '윗물이 맑아야 아랫물이 맑다.'는 단순한 원리는 리더의 윤리적인 행동이 일관성을 유지할 때, 구성원들 또한 높은 윤리의식을 갖게 된다는 교훈을 준다.

기업의 윤리경영은 구성원들에게도 요구되는 신뢰의 중요한 덕목이다. 정직과 성실을 바탕으로 한 구성원들의 윤리의식 수준은 일상생활에서 쉽게 발견할 수 있다. 조직의 인정을 받기 위해 지적 재산권을 무시한 채 다른 회사의 도구나 정보를 도용하는 등의 비윤리적인 행동은 암적인 존재로 기업의 윤리 수준을 저하시키는 치명적인 장애가 된다. 다른 기업의 핵심 기술력을 마치 자신들이 개발한 것처럼 모방하여 사용하는 구성원들의 행태는 기업의 사회적 윤리를 저버리는 행위에 속한다. 한국의 대기업들은 협력 업체와의 상생을 선언하면서도 현장에서는 전혀 다른 태도와 행동을 보인다. 상대방의 입장은 전혀 고려하지 않는 일방적인 협상은 수많은 협력 업체로부터 이기적인 기업이라는 불만을 사고 있다.

구성원들의 이기적인 생각과 태도, 상대방에 대한 존중과 인정에 인색한 행동이 그들을 비윤리적인 사람으로 만든다. 리더가 결과 중심적으로 조직을 관리하고 지나치게 비용 절감을 강요할 때 그리고 수단과 방법을 가리지 않고 목적을 달성하기를 바랄 때 구성원들은 정도를 지키기 어렵다. 이런 과정을 통해서 리더와 구성원 모두 낮은 윤리의식을 갖게 된다.

2002년 앤론사는 '일하기 훌륭한 포춘 100대 기업'에 이름을 올렸다. 회사의 사업 추진 역량이 탁월했으며 구성원들의 전문적 성장을 위한 지원이 높았다. 그리고 무엇보다도 일하는 대가에 대한 보상과 성과급이 타 기업에 비해 월등히 높았다. 하지만 이 회사는 그해에 미국의 회계 부정 스캔들에 휘말리게 되었다. 거대 기업을 멸망의 길로 들어서게 만든 이들은 다름 아닌 내부고발자(Whistle Blowers)들이었다. 이들은 미국 시사잡지인 《타임》이 선정한 역사적 인물이 되기도 했다. 이는 미국 사회가 기업의 높은 윤리경영을 중요시하게 생각하고 있다는 단면을 보여 준다.

이처럼 조직의 리더가 사회적으로 정도를 벗어나는 스캔들을 일으키거나 비도덕적인 행위를 하면서 구성원들에게 높은 윤리의식을 요구하면 (관리에 의해 일시적으로 윤리적인 기업처럼 보일 수 있지만) 내부에는 관리되지 않는 비윤리적인 행위가 많아질 수밖에 없다. 이는 조직 내 갈등을 조장하기도 한다. 비윤리성에 따른 조직 내 갈등은 조직의 신뢰를 와해시킨다.

훌륭한 일터의 리더와 구성원들은 남다른 윤리의식을 가지고 있다. 그들은 회사가 정하는 정책이나 방침을 경영진에서부터 현장 사원에 이르기까지 예외 없이 지키기 위해 노력한다.

티디 인더스트리스의 잭 로웰 주니어 회장은 "구성원들이 회사에 큰 손실을 입히는 실수를 했다면 그것은 회사가 만회할 수 있으므로 허용할 수 있지만, 실수를 감추기 위해 부정직한 행위를 했다면 그것은 용납할 수 없다."고 말한 바 있다. 정직을 바탕으로 한 일관된 성실성은 임직원 모두가 습관화시켜야 할 신뢰경영의 중요한 요소다.

윤리경영의 핵심은 다음과 같다.

■ 리더의 말과 행동이 일치되어야 한다.

리더가 수시로 말을 바꾸거나 조직의 정책과 방침이 눈만 뜨면 바뀌는 경우, 구성원들은 어느 쪽에 장단을 맞추어야 할지 난감해 한다. 그런 구성원들이 어떻게 원칙을 지키며 업무를 제대로 수행할 수 있을까? 결국은 윗사람의 눈치만 보다가 아까운 시간만 낭비하게 될 것이 분명하다.

■ 약속을 지키는 경영진과 상사가 되어야 한다.

구성원들은 상사의 눈빛만 보고도 거짓인지 진실인지를 알아차린다. 리더는 사소한 저녁 식사 약속에서부터 업무를 지원하거나 결재를 하는 것에 이르기까지 자신이 한 약속을 지키기 위해 노력해야 한다. 약속을 제대로 이행하는 것은 리더의 기본 덕목이다.

■ 정도를 지키는 리더가 되어야 한다.

조직의 규정과 개인의 행동이 직위나 힘에 따라 달라진다면 규정은 구성원들을 억압하는 도구밖에 되지 않는다. 조직의 규정을 지키는 것에 리더가 솔선수범하지 않는다면 그 규정은 위력을 상실하게 된다.

존중 Respect

존중은 상대방에 대한 진정한 관심에서 출발한다. 존중의 수준은 경영진이나 리더의 리더십 행위가 상대방의 입장에서 생각하고 행동하며 배려하는지에 따라 그 수준이 달라진다. 존중은 조직과 구성원 간의 일 대 일의 관계에서 구성원들이 대우를 받는다고 느끼는 정도를 나타낸다. 구성원들이 인격적으로 존중받고 있다고 느끼는 환경에서 성공하고 성장할 수 있도록 경영진이나 리더가 지원하고 협조하는 수준에 따라 존중의 지표가 달라진다. 존중은 구성원들이 개인의 삶과 일의 균형이 이루어질 수 있도록 조직이 배려하는 애정의 정도를 반영하는 지표이기도 하다.

첫째 | **인격 존중 _ 사원이 고객**

만일 사원이 고객이라면 리더는 사원들을 어떻게 대할까? 또한 사원이 최대 주주이며, 최고경영자를 비롯한 임원의 인사권을 가지고 있다면 리더는 사원에게 어떤 태도와 행동을 보일까? 아마 조직에서 자주 나타나는 인격적인 모독이나 비인격적인 대우는 사라질 것이다.

구성원들이 느끼는 비인격적인 대우는 리더가 사용하는 언어에서부터 시작한다. 리더는 종종 자신의 부하 직원에게 "어이", "야"라는 호칭을 사용하여 구성원들의 존재감을 무색하게 만든다. 일이 잘 돌아가지 않거나 개인적인 감정이 북받칠 때 'ㅆ'이 들어가는 욕설을 함부로 하기도 한다. 평상시에는 점잖은 언어와 태도를 보이지만, 질책하는 과정에서 구성원들을 무식한 사람으로 취급하는 리더가 있다. 이는 분명 비인격적인 행동이다.

리더의 무관심은 구성원들을 더욱 초라하게 만든다. 많은 구성원이 일터에서 너무나 오랫동안 이런 대우를 받아 왔기에 '그 사람은 원래 그래, 그래도 마음이 고약한 사람은 아니야.' 하고 스스로 위로하며 당연한 듯 받아들인다. 많은 리더가 자신의 상사를 대할 때와 부하를 대할 때 이중적인 태도와 행동을 보인다. 상사에게 보이는 공손함과 부하를 대하는 우월감이 구성원들에게는 심리적 위압감으로 다가온다. 구성원들은 상사와의 관계에서 인격적인 모독을 느낄 때, 자신이 사람다운 대접을 받지 못하고 있다고 느낄 때 조직을 떠날 준비를 한다.

GWP를 구현하는 기업은 구성원들을 존중하고 배려하는 리더의 미션을 명문화하고 있다. 일터에서의 존중 분위기는 구성원들을 '나' 중심의 사고에서 '타인' 중심의 사고로 패러다임을 바꾸어 준다. 타인 중심의 사고는 일터에 배려와 협력적 업무 분위기를 조성한다.

킨코즈의 경우, 관리자의 미션은 '사원들이 업무를 수행하는 데 방해가 되는 장애 요인을 제거해 주는 것'이라고 명문화되어 있다. 티디 인더스트리스는 '구성원들이 자율적으로 일을 잘할 수 있도록 봉사(Serving)'하는 서번트 정신을 실천하고 있다. 페더럴 익스프레스는 '사원을 고객처럼 존중하면 그 사원이 고객을 존중할 것이며, 고객에 대한 존중이 기업의 성과로 이어진다'고 믿는다. 그래서 그들의 미션에서 제일 먼저 나오는 것이 바로 '사원을 가족처럼'이다.

이처럼 '일하기 훌륭한 포춘 100대 기업'의 리더들은 상사 또는 부하 그리고 외부 고객에 관계없이 일관된 태도로 상대방의 입장에 서서 생각하고 행동하는 것이 습관화되어 있다.

사원을 고객이라고 생각하면서 대하라. 그들이 최대 주주이며, 자신들의 인사권을 가진 사람들이라고 여겨라. 그들을 인격적으로 존중하고 배려하는 것이 바로 고객을 존중하고 배려하는 것이라 생각한다면 구성원들에 대한 리더의 태도와 행동은 확연하게 달라질 것이다. 뿐만 아니라 구성원들과의 관계에서 일어나는 질책의 방법이 달라질 것이며, 업무를 지시하고 관리하는 방법이 획기적으로 변할 것이다.

인격적 존중의 핵심은 다음과 같다.

- 감정이 섞인 발언을 삼가라.

힘없는 자는 함부로 대하기 쉽다. 구성원들은 회사의 종업원이기 이전에 하나의 고유한 인격체다. 그들은 인간으로서 누구에게나 인격적인 대우를 받을 권리가 있다. 리더가 사람의 존재에 대해 깊이 이해한다면 그들이 단순한 부품이 아니라는 것을 깨달을 수 있다. 절제된 언어를 사용하는 것은 물론, 업무를 지시할 때에도 그들이 대우받고 있다고 느끼게 하라. 고객이 기업으로부터 대우받는 것은 제품이나 서비스의 대가를 치르기 때문이다. 구성원들이 대우를 받아야 하는 이유는 현장의 접점에서 고객과 직접적인 관계를 맺기 때문이다. 인격적인 모멸감을 느끼며 일하는 구성원의 태도와 행동은 무의식중에 고객에게 전이된다.

- 질책보다는 칭찬을 더욱 자주하라.

구성원들은 칭찬만으로도 한 달이 넘게 즐거운 생활을 할 수 있다. 실수를 탓하기보다는 그 실수가 조직에 어떤 영향을 미치는지 이해시키고 책임감을 불어넣어 준다면 구성원들은 자신의 존재감을 느끼고 맡은 일에 의미를 부여하게 된다. 그리고 반복되는 실수가 없도록 더욱 신중을 기한다. 리더가 공개적으로 질책하는 일은 금물이다. 공개 석상에서 질타를 받는 순간, 구성원은 마음의 문을 걸어 잠그고 폭풍이 지나가기만을 기다린다. 실수에 대한 자책감을 느끼기보다는 리더에 대한 반감만 갖게 될 확률이 높으니 유의하라.

- 상대방의 입장에서 생각하고 행동하는 리더가 되어라.

리더가 구성원 집의 숟가락 숫자까지 알 정도로 그들에 대해 깊이 알고 있다면 그들의 고충이나 애로사항을 더욱 쉽게 해결해 줄 수 있다. 구성원에 대한 인격적 존중은 상대방에 대한 진정한 관심에서 출발한다.

둘째 | **전문능력 향상을 위한 지원 _ 성장할 수 있다는 느낌**

총알도 주지 않고 총대만 멘 상태로 전쟁터에서 살아남으라고 말하는 리더는 훌륭한 지휘관이 아니다. 필요한 자원이나 장비 또는 정보를 제공해 주지 않고 무조건 목표만 달성하라고 닦달하는 리더 역시 훌륭한 리더가 아니다.

리더의 존재 이유는 구성원들이 업무에서 성공하고 성장할 수 있도록 지원하는 가운데 조직의 목표를 달성해 나가는 것이다. 리더의 부하 육성은 훌륭한 리더가 되는 중요한 요소다. 리더가 부하들을 인격적으로 대우한다고 할지라도 구성원들의 역량을 키워 주기 위해 노력하지 않으면 구성원들은 리더로부터 존중받는다고 생각하지 않는다. 리더는 구성원들의 능력을 발굴하고 전문성이 강화될 수 있도록 지원할 의무가 있다.

컨테이너 스토어는 구성원들의 전문능력 향상을 위해 연평균 230시간이 넘게 교육을 지원한다. 미국의 일반 소매유통의 교육 시간이 연평균 7시간 내외인 것과 비교하면 엄청난 교육비를 구성원들의 능력 향상에 쏟아붓고 있는 것이다. 컨테이너 스토어 매장을 방문하는 고객들은 한결같이 매장 직원들의 탁월한 식견과 디자인 감각 그리고 공간 설계 지식에 감탄한다. 매장의 구성원 대부분이 사무 공간 활용을 도와주는 컨설턴트의 역할을 함께 수행하고 있다.

월트디즈니사나 구글, 마이크로소프트사처럼 탁월한 인재의 창의성이 기업의 성과에 절대적 영향을 미치는 기업들은 조직 내 구성원들 간의 지식과 경험, 성공담과 실패담 공유 채널을 갖추고 있다. 이러한 채널은 구성원들이 서로 배우는 학습 환경을 업무 현장과 바로 연결시켜 주는 통로가 되고 있다. 이들 기업의 리더들은 구성원들이 가장 큰 자산이라는 점을 항상 잊지 않는다. 그래서 구성원들의 성장을 위한 투자를 가장 중요하게 여기며 지원한다. 뿐만 아니라 실패의 경험조차 수용이 되는 일터 문화를 만들어 준다.

리더는 구성원들이 목표를 달성하는 데 필요한 자원이나 장비를 지원해 주어야 한다. S사의 경우, 구성원들이 365일 쉬지 않고 일을 해도 업무 처리가 제대로 이루어지지 않고 있다. 업무량은 폭주하고 고객의 주문은 증가하지만 설비 증설이 쉽지 않을 뿐만 아니라 인력을 보충해서 훈련시키는 시간이 턱없이 부족해 발만 동동 구르고 있다. 영업 현장에서 필요한 인적자원이나 장비가 턱없이 부족함에도 불구하고 리더는 끊임없이 영업 목표만을 강조한다. 이러한 현상은 다른 기업들에서도 흔히 볼 수 있다. 이런 환경 속에서 일을 하는 구성원들이 조직의 지원을 제대로 받고 있다고 느끼기는 어렵다.

조직은 투자 비용 대비 성과 달성의 비율을 생각하지 않을 수 없다. 그래서 턱없이 부족한 인력 배치의 불공정을 어쩔 수 없는 현상이라 여기는 경우가 많다. 리더가 이런 상황을 그냥 넘기는 것은 인력이 늘어나면 기존 사원들이 더 게을러지고 나태해질 것이라는 부정적인 생각이 머릿속에 가득 차 있기 때문이기도 하다. 일에 치여 능력 향상을 위한 자기 계발 또는 경력 개발은 꿈도 꾸기 어려운 것이 현실이라면, 구성원들이 자기 성장을 통해 조직에 기여할 수 있는 기회를 갖기 어렵다.

구성원들이 자신의 업무에서 성공하고 성장할 수 있도록 지원해 주는 것이 GWP 전문능력 향상 및 지원의 핵심이다. 전문적 지원은 구성원들이 업무를 더욱 탁월하게 수행하는 데 필요한 지식과 기술을 습득할 수 있도록 해주는 것이다. 이러한 교육적 지원은 '학습은 곧 업무 현장의 구체적인 변화'라는 인재 육성의 철학을 바탕으로 추진되어야 한다. 승진만을 위한 교육 지원은 돈과 시간을 낭비할 뿐이다. 주위를 둘러보면 많은 구성원이 영어 교육에 매달려 있는 모습을 쉽게 볼 수 있다. 모든 구성원이 승진이나 승격을 하기 위해서 영어 점수가 필요한 것은 아니다. 영어가 업무의 필수 요건이 되는 부서도 있지만 그렇지 않은 부서도 많다. 오히려 영어가 아닌 다른 언어가 향후 사업 확장에 더 도움이 될 수도 있다. 누구에게나 똑같이 적용되는 교육 시간 또는 내용의 지원으로는 다양한 사회 변화에 대처하지 못한다.

전문능력 향상을 위한 지원의 핵심은 다음과 같다.

■ 구성원들이 업무에서 성공할 수 있도록 다양한 학습의 기회를 제공해 주어야 한다.

이를 위한 수단으로 조직 내 우수 인재를 활용하여 '사내 지식 공유 제도'를 강화시키는 것도 한 방법이다. 리더의 경험과 지식을 전수하는 것을 의무화시키는 것도 리더의 부하 육성과 조직의 지식 공유에 도움이 될 수 있다. 실제로 많은 기업이 사내 명장 제도 또는 기술과 지식의 챔피언 제도를 통해 조직에 필요한 전문 지식과 역량 강화를 자체적으로 소화하고 있다.

■ 업무 수행에 필요한 자원과 장비를 제때 지원해 주어야 한다.

배 떠난 후 노 젓는 일은 없어야 한다. 필요한 때에 필요한 장비나 지원이 이루어지지 않는다면, 구성원들은 일하고 싶은 의욕을 상실한다. 일을 하면 할수록 더 밀려 든다는 느낌을 받을 때는 더 이상 일할 맛이 나지 않는다. 조직 전체를 볼 때 인력이 부족한 것이 아님에도 불구하고 특정 부서 또는 특정 업무를 진행하는 곳에서만 턱없이 인력이 부족한 경우, 조직의 형평성을 생각하기보다는 공정하게 인적자원이나 장비를 지원해 주어야 한다. 과다한 업무에 지친 구성원들이 업무 로드가 많지 않은 부서를 볼 때 상대적 박탈감을 느끼지 않도록 배려해 주어야 구성원들은 조직이 자신을 존중해 준다고 생각한다.

셋째 | 인정 _ 인정받고 싶은 것은 인간의 기본 욕구

GWP 구현을 위한 많은 활동 중에서 '커뮤니케이션'과 '인정'은 성공의 가장 중요한 열쇠다. 기업에서 이 두 가지가 제대로 정착된다면 GWP 조직문화는 쉽게 정착될 수 있다. 그럼에도 불구하고 조직에서 가장 잘 되지 않는 활동이 바로 이 두 영역이다. 어느 조직이든 인력 관련 지출이 가장 큰 비중을 차지한다. 가장 많은 비용을 투자하는 인적자원을 어떻게 동기화시키고 격려하여 최대의 성과를 만들어 갈 수 있을지에 대한 기업의 고민을 해결할 수 있는 방법이 있다. 그것은 바로 인정과 칭찬이다.

기업들은 우수한 인재들을 보유하기 위해 노력한다. 사회가 다변화되고 네트워크가 강화되면서 올바른 태도와 탁월한 재능을 가진 인재들을 채용하고 유지하는 일이 더욱 어려워지고 있다. 조직을 떠나는 우수한 인재들을 인터뷰해 보면 공통점을 발견하게 된다. 그들은 조직이 '인정과 칭찬에 인색할 때', '권한위임으로 일할 수 있는 환경을 만들어 주지 않을 때' 그리고 '자신의 존재감을 제대로 평가해 주지 않을 때' 미련 없이 조직을 떠난다. 구성원들의 노력을 인정하고 그들의 성과를 기꺼이 축하해 주는 활동이 많은 기업일수록 일터가 뜨거운 열정으로 가득한 것을 발견할 수 있다.

인정과 칭찬은 조직을 유연하고 부드럽게 만들 뿐만 아니라 우수 인재들의 이직에 따른 비용을 절감하는 데 효과적이다. 인정과 칭찬의 리더십 행위는 돈을 들이지 않고도 구성원들의 헌신과 열정을 이끌어 낼 수 있는 가장 좋은 수단이다.

인정을 받으려는 인간의 욕구는 구성원들의 행동에 큰 영향을 미친다. 리더가 구성원의 노력과 성과를 인정하고 격려해 주면 구성원들은 스스로 동기를 부여한다. 리더가 구성원들의 이야기를 경청하고 그들이 소중하다는 느낌을 갖게 해주면 구성원들의 책임의식은 높아진다.

그러나 실제로 리더들은 구성원들의 노력에 진심으로 감사하는 행동을 잘 보이지 않는다. 그들의 의견을 경청하기보다는 자신이 결정한 대로 구성원들을 강압적으로 이끈다. 그 순간부터 구성원들은 자신이 중요한 존재라는 사실을 잊어버린다. 경영학의 구루(Guru)인 톰 피터스(Tom Peters)는 "리더가 구성원들의 하찮은 개인 정서가 가지는 위력을 과소평가해서는 안 된다."고 강조했다.

'일하기 훌륭한 포춘 100대 기업'의 인정 프로그램은 각양각색이다. 그들은 유치하다고 할 만한 인정 제도나 활동을 통해서 구성원들의 다양한 노력과 성과를 칭찬하고 격려한다. 만일 당신이 이러한 회사를 방문했을 때, 가슴에 크고 작은 배지를 주렁주렁 달고 다니는 사원들을 만난다면 축하한다는 인사를 해주어라. 구성원들이 고깔모자를 쓰고 다니는 것을 볼 때에도 칭찬 한마디를 해주어야 한다. 이러한 기업들은 작은 성과를 칭찬하기 위해 배지를 달아주고 도전하는 구성원들에게 고깔모자를 씌워 주기도 한다.

구성원들의 크고 작은 노력과 성과에 대한 인정과 감사를 잘 표현하는 대표적인 기업이 페더럴 익스프레스(Federal Express)다. 이 회사는 브라보 줄루(Bravo-Zulu), 골든팔콘, 엑설런스 서클상, 성과 중심의 보상제도 등을 통해서 구성원들의 노력과 성과를 인정하고 감사의 표시를 한다.

그렇다면 리더는 왜 칭찬과 인정에 인색한 걸까? 그것은 리더가 조직 목표 달성에 중요하다고 생각하는 요인과 구성원들이 중요하다고 여기는 요인의 차이에서 답을 찾을 수 있다.《1001Ways to Reward Employees》의 저자인 로버트 넬슨(Robert Nelson)은 구성원들을 동기화시키는 요인을 조사하는 과정에서 중요한 점을 발견하였다. 최고경영자나 리더는 높은 보수, 안정적인 직장생활, 승진 및 성장의 기회, 좋은 업무 환경, 관심 업무 등이 구성원들의 동기를 유발하는 우선 요인이라고 지적하였다. 반면에 구성원들은 업무 결과에 대한 충분한 인정, 함께라는 소속감, 개인 문제에 대한 고충 처리, 안정적인 직업, 좋은 보수 순으로 동기화의 우선 요인을 열거하였다.

일상생활에서 작지만 다양하게 일어나는 칭찬과 격려 그리고 인정이 많아야 구성원들의 열정을 지속시킬 수 있다. 필자는 한국 기업의 리더들을 인터뷰하면서 공통점을 발견할 수 있었다. 한국 기업의 리더들은 "우리 회사처럼 보수도 좋고 복리후생도 좋으며 다양한 이벤트가 있는 곳도 드문데 왜 구성원들이 불만이 많은지 모르겠다."고 말한다. 그들은 외형적·물질적인 보상이 구성원들의 동기를 유발하는 가장 중요한 요소라고 생각하는 것이다. 넬슨이 말하는 동기부여 요인의 차이점과 크게 다르지 않다.

어떻게 하면 구성원들의 가슴이 타오르게 만들 수 있을까? 어떻게 하면 그들이 조직의 영웅이라는 인식을 갖게 할 수 있을까? 그 해답은 인정을 받으려는 구성원들의 욕구에서 찾을 수 있다. 최고 경영자나 리더가 마음을 담은 감사의 카드를 구성원에게 건넨다면 그들은 일터에서 어떤 태도를 가질까? 한 걸음 더 나아가 구성원들의 배우자나 가족에게 그들의 소중함을 표현하는 감사의 편지를 보낸다면 구성원들은 어떤 생각으로 업무에 임할까? 사내 인트라넷을 통해 구성원들의 노력과 성과를 공개적으로 칭찬하는 것도 좋은 인정 방법이다. 콘서트나 영화, 스포츠 또는 뮤지컬 티켓 등이 담긴 칭찬 카드도 구성원들의 노고를 인정해 주는 좋은 방법이다.

인정에 대한 핵심은 다음과 같다.

- 다양한 방법으로 구성원들의 성과와 노력을 인정해 주어라.

일 년에 한두 번 받는 성과급은 구성원들에게 큰 감동을 주지 못한다. 구성원들은 한꺼번에 인정을 받기보다는 일상생활에서 크고 작은 인정을 받기 원한다. 구성원들의 노고에 감사하는 메일이나 그들이 스트레스를 받고 있음을 인정하는 격려 카드, 탁월한 성과에 대한 감사와 인정이 일터에서 매순간 이루어진다면 조직은 역동적으로 변한다.

- 구성원들이 최선을 다한 경우, 실수를 했더라도 배움의 기회로 삼을 수 있게 하라.

대부분의 리더는 질책에는 거침이 없지만 칭찬에는 인색하다. 어느 조직이든 실수가 허용되는 경우는 드물다. 실수를 허용해서는 안 된다. 그러나 구성원들이 최선을 다했음에도 불구하고 실수가 발생했을 때, 조직이 이를 어떻게 처리하느냐에 따라 앞으로 구성원들이 얼마나 더 도전적이고 능동적인 업무 태도를 보이는가 하는 수준이 달라진다. 리더의 관용적 리더십과 포용력이 구성원들의 실수가 배움의 기회가 되는 업무 환경을 만들어 나간다.

- 구성원들이 조직의 발전에 참여하고 있다고 느끼게 하라.

구성원들을 의사결정에 참여시키고 그들의 제안을 현업에 적용할 때 그들은 주인의식을 갖는다. 구성원들의 아이디어를 구하고 이를 현업에 적용하는 일은 구성원들이 비전 달성을 위한 경영에 참여하고 있다는 느낌을 갖게 한다. 또한 구성원들의 제안을 경청하는 과정은 열린 커뮤니케이션을 활성화시키는 수단이 된다.

넷째 | **탁월한 업무 환경 _ 심리적으로 편안하게 일할 수 있는 분위기**

구성원들은 업무를 수행하기 좋은 인프라가 갖추어져 있을 때나 사무 환경이 쾌적하고 중압감이 없을 때 스트레스를 덜 받으며 일할 수 있다. 어떤 리더는 구성원들이 스트레스를 받고 긴장감을 가져야만 실수를 하지 않고 제대로 일을 한다고 생각한다. 통계적으로 볼 때 사람은 스트레스를 받을수록, 긴장을 할수록 실수할 확률이 높아진다. 구성원들은 높은 목표를 위해서는 어느 정도의 긴장감은 가져야 하지만 사람과의 관계 속에서는 갈등과 스트레스가 적어야 실수를 하지 않는다. 심리적인 스트레스는 업무에서의 창의성과 혁신을 저해하는 요소이다. 리더가 주는 압박감이나 긴장감은 구성원들 간의 협력을 저해하는 요인으로 작용한다. 리더와의 심리적 벽이 높을수록 일터는 경직되고, 구성원들은 건의나 제안을 하지 않고 침묵한다. 자율적인 업무 분위기를 만들기 위해 리더는 개방적인 생각과 태도를 가져야 한다.

국내 기업의 임원들과 텍사스에 있는 사우스웨스트 항공사를 방문했을 때의 일이다. 본사의 복도를 지나는데 여기저기에서 웃음소리가 터져 나왔다. 함께 동행한 임원 한 분이 정색을 하며 구성원들이 회사에 일하러 온 것이 아니라 놀러 온 것 같다며 냉소적인 반응을 보였다. 그곳의 사람들은 마치 소풍을 온 것처럼 일터 곳곳에서 잡담을 즐겼다. 그러한 분위기는 본사 어느 부서를 방문하든 별반 다르지 않았다. 그들은 가족처럼 편안하고 자연스럽게 서로를 대하며 일을 하고 있었다.

그럼에도 불구하고 사우스웨스트 항공사 구성원들의 일인당 업무 처리량은 타 항공사에 비해 4~5배가 넘는다. 그들은 휴가철이 되면 고향이 먼 동료들을 위해 서로 휴가를 반납하며 일을 맡아 주려고 애쓴다. 승무원들은 승객을 즐겁게 해주기 위해 기발한 아이디어를 끝도 없이 만들어 낸다.

그렇다면 이 회사의 사업적 성과는 어떠할까? 고객 불만족 처리 건수가 가장 적은 항공사, 주식투자 대비 수익률이 타 항공사에 비해 몇십 배가 높은 회사, 1990년대 초 모든 항공사가 불황에 허덕일 때 유일하게 흑자를 낸 회사, 미국인들이 취업하고 싶어하는 일순위 회사…….

이는 사우스웨스트 항공사의 성과를 논할 때마다 붙어 다니는 수식어다. 창업주인 허브켈러 전 회장은 군대처럼 딱딱한 표정으로 일하는 구성원을 원하지 않았다. 그는 구성원들의 다양성이 존중되지 않으면 회사는 더 이상 발전하기 어렵다고 생각했다. 허브켈러는 다량의 업무에 시달리는 구성원들에게 기쁨의 샘물을 주는 일은 유머가 넘치는 회사를 만드는 것이라고 생각하고, 실제로 구성원들에게 사랑과 유머가 넘치는 업무 환경을 만들어 주었다. 이는 지속적인 성과를 창출하는 원동력이 되고 있다.

컴퓨터 하드디스크 등을 제조하는 퀀텀사는 경영이념에 탁월한 업무 환경 조성(Extraordinary Environment)을 명문화하였다. 퀀텀사는 조직이 유연해야 빠른 시장 환경 변화에 대처할 수 있다는 점을 잘 간파하였다. 이 회사는 리더의 업적을 평가할 때 업무 성과

뿐 아니라 조직이 추구하는 서번트형 리더십을 잘 발휘하고 있는지 구성원들이 직접 평가하게 한다. 그리고 리더의 인사고과에 리더십 평가를 50퍼센트 반영한다.

탁월한 업무 환경의 핵심은 다음과 같다.

■ 일터의 안전성이 보장되어야 한다.

생산 라인을 가지고 있는 제조업의 경우, 일터의 안전과 청결은 임직원 모두가 책임져야 할 기본 환경이다. 구성원들이 하루의 1/3 이상의 시간을 보내는 사무 공간의 쾌적한 분위기와 안전성은 업무 효율에 큰 영향을 미친다.

■ 인프라의 구축이 제대로 되어 있어야 한다.

구성원들이 편리한 동선에서 일할 수 있는 환경뿐 아니라 업무 수행에 필요한 인프라를 구축해 주어야 한다. 업무의 효율성은 성과 창출의 시기를 앞당긴다. 좋은 인프라는 구성원들이 빠르게 목표를 달성하게 만든다.

■ 심리적으로 편안하게 일할 수 있는 분위기를 조성해 주어야 한다.

심리적인 스트레스는 구성원들의 병가를 늘릴 뿐만 아니라 정신적 · 육체적인 질환을 불러일으킨다. 또한 자율적이고 창의적인 업무 수행을 방해한다. 심리적으로 편안한 업무 환경은 구성원들의 실수를 줄여 줄 뿐 아니라 즐겁게 일할 수 있는 분위기를 만들어 준다.

다섯째 | 일과 개인생활의 균형 _ 조화로운 삶의 질 유지

사람들이 일을 하는 궁극적인 목적은 조직의 목표 달성이나 번영에 기여하기 위한 것이 아니라 개인의 삶의 행복을 영위하기 위해서다. 그러나 리더들은 종종 구성원들이 조직을 위해 존재한다고 착각한다. 그래서 자신들이 사원 시절에 어떻게 조직의 부름에 응답했는지를 영웅담처럼 들려주며 구성원들도 그렇게 행동할 것을 강요한다.

어떤 리더는 통행금지가 있던 시절, 자신의 비용으로 총알택시를 타고 출퇴근을 했다고 자랑스럽게 말한다. 또한 많은 전문 경영인이 지금까지 가족과 함께 지낸 시간을 손에 꼽을 만큼 조직을 위해 희생했다고 말하며 구성원들의 나태함을 꼬집는다. 지금의 경영진 대부분은 야근을 조식생활의 기본으로 여겼다. 신혼여행을 떠난 날에도 상사가 부르면 곧바로 직장으로 돌아왔다. 그들은 그런 20여 년의 세월을 지내온 지금에서야 자신의 삶을 돌아볼 수 있는 여유를 갖는다. 그런 삶이 습관처럼 굳어져 버린 리더에게는 회사 일이 취미이자 유일하게 할 수 있는 능력이 되어 버렸다. 오랜 세월이 지난 후, 그들이 가족의 소중함을 느꼈을 때에는 함께 생활하고 싶은 자녀들이 이미 성장해 버린 후이다.

이것이 오늘날 국내 리더들의 모습이고 현주소이다. 리더는 자신이 일해 온 방식대로 구성원들이 일하기를 바란다. 효율적이며 효과적인 업무 수행 방법들이 존재하지만 받아들이려 하지 않는 경우가 많다. 이로 인해 대부분의 구성원은 상사의 눈치를 보느라 제때 퇴근을 하지 못하는 일이 잦고 개인생활을 위해 휴가를 사용할 때에도 동료나 상사의 눈치를 본다. 그들은 일과 개인의 삶이 조화를 이루는 가운데 조직의 목표를 탁월하게 성취해 나가는 방법을 알지 못한다. 그러한 업무 방식을 경험해 보지 않았기 때문이다.

'일하기 훌륭한 포춘 100대 기업'은 구성원들이 개인과 조직생활이 조화를 이루는 가운데에서도 탁월한 성과를 창출해 나가는 표본을 보여 준다. 이러한 기업들은 다양한 프로그램과 제도를 통해 구성원들의 개인생활을 보살피고 있다. 이 기업들은 한걸음 더 나아가 퇴직하는 구성원들이 은퇴 후에도 삶의 질이 유지될 수 있도록 도와주는 프로그램을 운영하고 있다. 그들은 구성원들의 개인적인 삶의 질이 높아질수록 회사생활을 더 긍정적이고 적극적으로 유지한다는 것을 깨닫고 있다.

국내의 많은 기업도 가족 초청 행사는 물론, 자녀들의 부모 직장 방문, 가족들과 휴가를 보낼 수 있는 장소 제공, 정시 퇴근 의무화 등 다양한 방법으로 구성원들의 삶의 질을 높이기 위해 노력하고 있다.

사회 분위기와 가치가 변하고 있다. 테크놀로지의 혁명적인 변화는 사회의 가치와 개인의 가치를 다양하게 만든다. 오늘날 글로벌 기업들이 일과 삶의 균형(Work and Life Balance)을 강조하는 것도 사회적 가치 변화의 한 면이라 할 수 있다. 사람이 열정적인 에너지를 지속적으로 유지하려면 균형적인 삶을 살아야 한다. 개인과 조직생활이 균형을 유지할 때 구성원들은 충전된 에너지를 자신의 업무에 쏟아부으며 탁월한 성과를 창출할 수 있다.

일과 개인생활 균형의 핵심은 다음과 같다.

■ 사람이 업무에 집중할 수 있는 시간은 한정되어 있음을 인정하라.

하루 종일 책상에 앉아 있는다고 해서 일을 잘하는 것은 아니다. 야근하는 구성원들을 살펴보라. 하루종일 일에 치여서 퇴근 시간이 늦는 경우는 드물다. 상사의 눈치 때문에 퇴근이 늦는 부서를 보면 구성원들이 낮에 업무에 집중하는 시간이 짧다. 그들은 어차피 퇴근이 늦으니 낮에 굳이 일을 할 필요성을 느끼지 못한다. 짧은 시간이라도 구성원들이 업무에 집중할 수 있도록 환경을 조성해 주어야 한다.

■ 에너지를 충전할 수 있는 기회를 많이 제공하라.

목표는 정해져 있다. 구성원들은 목표가 달성되지 않으면 조직생활을 하기 힘들다는 것을 잘 알고 있다. 일하는 시간을 굳이 정해 주지 않아도 목표가 주어지면 그것을 달성하고자 한다. 더러는 목표 의식도 없고 성취하고자 하는 욕구가 없는 구성원도 있다. 그러나 이러한 구성원은 극소수에 불과하다. 조직이 이런 구성원들을 기준으로 개인의 삶의 균형을 깨뜨리는 방법을 택한다면 구성원들의 열정을 이끌어 내기 힘들다.

에너지를 충전할 수 있는 기회를 모든 사람이 균등하게 가져야 하는 것은 아니다. '열심히 일한 당신, 떠나라'라는 광고 문구를 떠올리지 않더라도 더 많이 일하고, 더 많은 성과를 내며, 더 많이 조직에 기여하는 구성원들에게는 삶의 에너지를 충전할 수 있는 기회가 더 많이 주어져야 한다. 그런데 많은 기업의 구성원들은 더 많이 일할수록, 더 많은 성과를 낼수록 금전적인 보상은 받을지 모르나 에너지를 충전할 수 있는 기회는 박탈당한다. 리더는 사람도 에너지가 소모되는 배터리와 같다는 점을 깨달을 필요가 있다.

■ 고유한 혜택을 많이 제공하라.

GWP를 구현하는 기업들은 구성원들에게 자사의 특성에 맞는 혜택을 제공한다. 2008년 '일하기 훌륭한 포춘 100대 기업'의 상위권에 랭킹되었던 스테이션 카지노(Station Casino)를 방문했을 때의 일이다. 이 회사의 구성원들에 대한 배려는 선택적 복리후생에 잘 나타나 있었다. 해마다 조사를 통해 101가지가 넘는 다양한 복리 혜택을 만들어 구성원들이 선택할 수 있게 해주고 있었다. (지역사회의 상점이나 기관들과 연계하여 스포츠 운동, 자동차 세차 및 타이어 교환, 미용실 이용에 이르기까지 구성원들이 일상생활에 필요한 복리 혜택을 다양하게 제공하고 있다.)

이러한 다양하고 선택적인 복리후생제도는 다양한 연령층의 구성원들이 골고루 혜택받고 있다는 느낌을 갖게 해준다. 이럴 때 구성원들은 최고의 성과로 조직에 보답한다. 자사의 복리후생을 살펴보라. 구성원들의 다양한 욕구를 충족시킬 수 있는 복리후생 프로그램이 설계되어 있는가. 구성원들은 자신의 기업만이 제공하는 고유한 혜택을 누린다고 생각할 때 조직이 자신들을 애정을 가지고 보살펴 준다고 느낀다.

공정성 Fairness

기업의 신뢰경영지수 조사에서 신뢰 영역의 가장 낮은 점수를 차지하는 것은 언제나 공정성이다. 공정성은 개인의 평가와 성과 보상을 포함하고 있기 때문에 리더나 구성원 모두가 가장 민감하게 반응하는 부문이다. 공정성은 혜택을 받는 사람이 있는가 하면 불이익을 당하는 사람이 있기 때문에 구성원들이 이기적이고 자기중심적인 태도로 공정성을 평가하기도 한다.

GWP의 공정성은 회사가 정책이나 방침을 시행할 때 구성원들이 느끼는 성과 보상, 업무 평가, 인사고과 등의 공정한 수준을 반영하는 지표이다. 또한 리더가 편견과 편애, 정치적 행위를 하지 않고 구성원들을 평등한 대우하는지를 반영하는 지표이기도 하다.

첫째 | 공정한 보상 _ 노력한 만큼의 공정한 대가

공정한 보상은 누구의 입장에서 보느냐에 따라 많은 시각 차이가 있다. 사람의 경제적 욕심은 끝이 없어서 받으면 받을수록 더 많이 받고 싶고, 승진을 하면 할수록 더 높이 올라가고 싶어 한다. 기업은 이러한 인간의 기본 욕구를 잘 간파하여 급여 시스템이나 승진, 인사 시스템 그리고 스톡옵션 등을 설계함으로써 구성원들에게 동기를 부여한다.

많은 구성원이 자신이 일한 만큼의 공정한 대우나 보상을 받지 못한다고 생각하는 경향이 있다. 그들은 자신은 열심히 일하고 있으며, 조직의 발전에 기여한다고 생각한다. 상황이 이러하기 때문에 공정한 보상이 이루어지려면 평가 기준이 명확해야 한다. 명확한 평가 기준은 구성원들이 자신의 업무가 어떻게 평가받는지 더 잘 알수록 공정한 보상에 대한 공감과 이해의 폭을 넓혀 준다.

지속적인 성장을 거듭하는 기업에서 찾아볼 수 있는 공통적인 특징이 있다. 그것은 바로 복리후생이나 급여 기준이 동종 업계보다 비교적 높다는 것이다. 이것은 기업이 발전할수록 구성원 개개인의 삶의 질을 높여 주기 위해 노력하고 있는 것을 잘 보여 주는 예이다. 그러나 급여가 높고 복리후생이 잘 되어 있으며, 물리적인 환경이 좋은 일터라 할지라도 GWP의 공정성이 보장받지 못하는 곳도 있다. '일하기 훌륭한 포춘 100대 기업'을 보면 급여나 복리후생이 동종 업계에 비해 낮은 곳도 있다. 그러나 그곳에서 일하는 구성원 대부분은 자신이 노력한 만큼 공정한 보상을 받는다고 생각한다.

오데틱스사는 구성원들의 급여가 동종 업계에 비해 어느 수준에 있는지를 도식화시켜 제공한다. 뿐만 아니라 리더는 왜 자신의 조직이 보수 측면에서 동종 업계의 중간을 약간 상회하는 수준에 머무는지 자세하게 설명해 준다. 구성원들은 최고 수준의 급여를 지급하는 회사와 자기 회사의 상황을 이해하기 때문에 일하는 대가에 대해 불만을 가지지 않는다.

공정한 보상은 조직이 구성원들에게 분배하는 대가의 공정함을 의미한다. 일은 본인이 모두 한 것 같은데 정작 승진을 하거나 더 큰 보상을 받는 것은 다른 사람이라고 생각한다면, 구성원들은 헌신적으로 일하려 하지 않는다.

홀 푸드 마켓(Whole Foods Market)은 임원을 포함한 구성원들의 전년도 급여(기본 급여와 보너스 포함)를 보고서 형태로 작성하여 배포한다. 이 회사의 최고경영자인 존 맥케이(John Mackey)는 "급여 관련 정보를 공개하려면 회사의 보상 시스템이 정당하고 공평한지 점검해야 한다. 조직은 누군가가 자신의 급여에 대해 불만을 가질 때 그 대가가 정당하다는 것을 증명해 줄 필요가 있다. 따라서 공정한 보상의 기준을 명확히 해야 한다."고 말한 바 있다. 이 회사가 구성원들의 급여를 공개하는 것은 그만큼 보상에 대한 평가 기준이 명확하고 공정하다는 자신감의 표현이다.

티모빌(T-Mobil)은 구성원들에게 회사의 보상 시스템을 지속적으로 교육시킨다. 구성원들이 회사의 보상 시스템을 충분히 이해하고 그 평가 기준을 이해하면서 일할 수 있도록 인사팀이 사이버 강좌를 비롯해 현장을 방문하여 평가와 보상 시스템 그리고 인사고과의 기준을 교육한다.

'일하기 훌륭한 포춘 100대 기업'의 하나인 프린시플 파이낸셜 그룹(The Principal Financial Group)에는 구성원들의 노력과 성과를 공유하는 시스템이 매우 공정하게 설계되어 있다. 이 회사의 경우 구성원이든 임원이든 직위나 직급에 관계없이 성과급을 받는 비율이 일률적으로 정해진다. 따라서 최고경영자가 받는 성과급의 비율이나 말단 사원이 받는 성과급의 비율이 공평하다. 또한 계열사에 지급되는 성과급도 계열사의 성과에 관계없이 공평하게 적용된다. 이에 이 회사의 인사 담당 부사장은 이렇게 말한다.

"어떤 계열사의 경우, 피나는 노력을 했음에도 불구하고 시장 환경의 변화나 외부 요인으로 인해 성과가 제대로 나지 않을 때가 있다. 이때는 별로 노력하지 않아도 외부 환경이 잘 받쳐 주어 저절로 성과를 낸 계열사와 성과급의 균형을 맞춰 주어야 한다. 그래야만 구성원들의 신뢰가 증진되고 동기가 높아진다."

공평한 성과급은 계열사 간의 협력과 정보 공유의 수준을 높이며 긍정적인 성장이 함께 이루어지게 만든다.

공정한 보상의 핵심은 다음과 같다.

■ 공정한 보상이 이루어지기 위해서는 평가 시스템이 잘 운영될 수 있도록 리더들을 교육시킬 필요가 있다.

특히 성과급의 경우, 생색나지 않는 일을 해야만 하는 부서와 조직이 핵심으로 여기는 부서 간의 평가 기준이나 균형을 어떻게 다룰 것인지 고민해야 한다. 아무리 노력해도 눈의 띄지 않는 부서 업무이지만 조직에서는 꼭 해야만 하는 일을 하는 부서와 조금만 노력해도 가시적으로 성과가 나는 부서 간의 갈등을 조정해 줄 때, 구성원들은 업무 종류에 관계없이 헌신을 한다.

■ 보상에 대한 구성원들의 인식을 깨우치는 지속적인 교육과 커뮤니케이션이 있어야 한다.

구성원들은 자신이 받는 물리적·정신적 보상이 다른 사람들보다 클 때에는 공정하다고 생각하지만 적을 때에는 불공정하다고 생각하는 이중적인 잣대를 가지고 있다. 구성원들은 누구나 똑같이 나누어 가지는 평등한 보상을 원하지 않는다. 따라서 조직이 만든 보상 시스템이 어떻게 운영되는지, 어떤 기준에 의해 보상이 이루어지는지 구성원들과 지속적으로 커뮤니케이션을 할 필요가 있다. 이는 구성원들의 공정성에 대한 오해를 불식시키며 공정성에 대한 공감을 확산시키는 데 큰 기여를 한다.

둘째 | 균등한 능력 발휘의 기회 _ 인정받을 수 있는 평등한 기회

많은 사람이 '상사에게 한 번 찍히면 영원히 찍힌다.'는 생각을 가지고 있다. 상사의 마음에 들지 않는 태도를 보이거나 행동을 하면 능력에 상관없이 인정받을 수 있는 기회를 갖기 어렵다는 의미다. 리더는 자신이 요구하는 일 또는 자신이 필요로 하는 일을 잘 처리해 주는 구성원을 선호한다. 또한 빠르게 일을 처리하고 상사의 입맛에 맞게 일을 처리하는 부하에게 더 많은 기회를 주게 마련이다.

상황이 이러하기 때문에 구성원들은 공정한 규칙에 의해 일하기 힘들다. 기회조차 주어지지 않는 상황에서 어떻게 자신의 능력을 발휘할 수 있을까?

리더가 팀의 시너지 효과를 내려면 구성원 개개인의 능력과 관심사를 깊이 알고 있어야 한다. 자기중심적으로 구성원들의 능력을 판단하는 오류를 범하면 안 된다. 구성원들의 입장에 서서 깊은 애정과 관심을 가지고 관찰하면 대부분의 구성원이 조직의 목표 달성에 기여할 수 있는 놀라운 능력을 가지고 있는 것을 발견할 수 있다.

리더가 구성원들에게 능력을 발휘할 수 있는 기회를 균등하게 주지 못하는 이유는 구성원들이 리더 자신보다 부족하다는 우월감 때문이다. 사실 구성원들은 리더만큼 경험이 풍부하거나 높은 전문성을 가지고 있지 않다. 그러나 그들은 리더가 보지 못하는 것을 제공하기도 하며, 시대 변화에 따른 업무 방식의 변화를 깨우쳐 주는 역할을 한다. 구성원들이 제안한 아이디어가 조직의 성과 창출에 크게 기여한 사례도 많다. 리더가 구성원들이 재능을 발휘하기도 전에 싹부터 잘라 버리는 리더십 행위를 보인다면 구성원들은 자신의 능력을 제대로 발휘할 수 없다.

3M사를 비롯한 많은 기업이 (총 업무 시간 중 15퍼센트 정도의 시간을) 구성원들이 자기 계발과 창의적인 생각, 아이디어를 고민할 수 있도록 배려한다. 이 기회는 누구에게나 주어지지만 그 기회를 활용하여 자신의 잠재능력을 발휘하는 것은 개인의 몫이다. 기회의 균등이 결과의 균등을 의미하지는 않는다.

리더는 직급에 관계없이 누구에게나 자신의 능력을 발휘할 수 있는 기회가 주어진다는 사실을 구성원들이 깨닫게 할 필요가 있다. 균등한 능력 발휘 기회의 핵심은 다음과 같다.

- 리더는 직급에 관계없이 구성원들이 중요한 존재라는 인식을 가져라.

  누구든지 조직에 기여할 수 있다는 믿음을 가져라. 리더가 구성원들에게 편견을 갖지 않을 때, 구성원들은 균등한 능력 발휘의 기회를 갖게 된다. 구성원들은 주어지는 범위만큼만 능력을 발휘한다. 리더가 진정으로 구성원들이 능력을 최대한 발휘하기 원한다면, 눈에 보이는 능력 수준에 관계없이 모든 구성원이 공평한 룰에 의해 일할 수 있는 기회를 제공해야 한다.

- 리더 자신의 틀과 기준에 맞추는 구성원만이 능력 있다고 평가하지 말라.

  구성원들의 다양성과 개성을 성과 달성에 연계시키려면, 그들의 숨은 재능을 발굴할 줄 알아야 한다. 또한 그 재능을 조직 발전에 활용할 수 있도록 능력을 발휘할 수 있는 방법과 종류를 다양하게 만들어 줄 필요가 있다. 균등한 능력 발휘의 기회는 구성원들의 신뢰를 높일 뿐 아니라 성취욕을 자극한다.

셋째 | **공정한 인사고과 _ 능력이 승진 및 승격의 핵심**

인사고과에 대한 신뢰는 임직원 모두에게 민감한 부분이다. '일하기 훌륭한 포춘 100대 기업'의 신뢰경영지수에서도 인사고과와 관련된 사항들의 점수가 상대적으로 낮게 나타난다. 그만큼 인사고과는 구성원들과의 신뢰 관계에 큰 영향을 미친다. 구성원들은 조직이 능력에 따라 승진이나 승격을 공정하게 처리하지 않는다고 불만을 표시한다. 부하들의 업무 결과를 평가하는 리더는 능력을 평가하기 어렵기 때문에 관례에 따라 승진할 때가 된 구성원에게 가점을 줄 수밖에 없다고 말한다.

인사고과 시스템이 잘 되어 있다고 하더라도 평가를 하는 리더의 주관에 따라 공정성이 달라질 수 있다. 사람이 하는 일인 만큼 평가에는 리더의 주관적 생각이 어느 정도 반영될 수밖에 없다. 그렇다 할지라도 리더는 구성원들에게 평가 기준을 명확히 제시하며, 평가 결과를 피드백해 주는 과정을 거침으로써 인사고과에 대한 공정성을 높여야 한다. 또한 구성원들과의 커뮤니케이션을 통해 평가 기준을 지속적으로 이해시킴으로써 평가에 대한 공감대를 확산시키고 고과에 대한 공정성의 수준을 높여야 한다.

구성원들은 종종 평가에 대해 이중 잣대를 가진다. 자신에게 유리한 인사고과는 공정한 것이고, 자신에게 불리한 인사고과는 불공정한 인사고과 시스템이라 생각하는 구성원이 많다. 조직은 교육을 통해 구성원들의 공정성에 대한 이중 잣대를 바로잡아 주어야 한다. 또한 구성원들은 조직에 공정한 보상이나 평가를 요구하기에 앞서 자신이 부서의 성과나 회사 발전을 위해 얼마나 노력하고 헌신하고 있는지 객관적으로 바라보아야 한다. 개인적으로 누릴 것은 다 누리면서 밤낮없이 일한 구성원들과 똑같은 평가를 받길 기대한다면 그 자체가 불공정한 것이 아닌가.

노력과 기여도에 관계없이 평등하게 나누어 주기만 바라는 구성원들의 의식이 바뀌지 않는 한 공정한 일터를 만들기는 어렵다. 어떤 부서는 정시에 퇴근을 하고 눈치를 보지 않고 얼마든지 개인 휴가를 사용할 수 있는가 하면, 어떤 부서는 주말까지 반납하면서 일해야만 한다고 생각해 보라. 뿌리는 씨앗의 양이 다른데 열매는 공평하게 나누어져야 한다고 주장한다면 과연 공정한 일터가 될까?

어떤 기준으로 판단하든 개인의 승진, 급여 그리고 복리후생과 관련 있는 영역은 공정성 논란의 불씨를 가지고 있다. 다만 성과급이나 급여, 승진, 복리후생과 같은 외적인 동기요인들은 조직이 공정성과 형평성을 유지하기 위해 얼마나 노력하고 공개적인가에 따라 구성원들의 신뢰 정도가 달라진다.

경영진은 좋은 인사고과 시스템과 급여 시스템을 갖추어 놓은 것에 만족할 것이 아니라, 그것을 운영하는 리더가 제대로 하고 있는지를 점검해야 한다. 이를 위해 회사 내에 구성원들이 불이익을 당하지 않으면서도 평가나 승진에 대해 이의를 제기할 수 있는 시스템을 만들 필요가 있다. 그런데 이의 제기 시스템을 가지고 있는 기업이 많지만 제대로 가동되지 않고 있다. 권위적이며 일방적인 문화가 강한 조직에서 이러한 이의 제기 시스템은 무용지물이 되기 쉽다. 구성원들 또한 자신에게 불리한 여건만을 생각하며 색안경을 낀 채 경영진을 바라봐서는 안 된다.

인사고과에 불만을 가진 구성원이 많은 조직의 내부를 자세히 살펴보면 경영진이나 상사가 특정인을 편애하는 모습을 발견할 수 있다. 리더는 일을 잘하는 사람을 잘 대해 줄 수밖에 없다고 말한다.

하지만 리더의 입맛에 맞추어 일을 하는 사람들을 선호하고 그들을 중심으로 일을 한다면 조직에는 아부와 험담이 많아질 수밖에 없다. 리더의 구성원에 대한 편애와 편견 그리고 차별대우가 구성원들 간에 파벌을 만든다. 이러한 일터에는 선의의 경쟁보다 조직 내 정치 행위가 많이 일어나 헛소문과 오해가 많아진다. 이는 비전 달성을 위한 구성원들의 응집력을 약화시킨다. 따라서 평가의 공정성을 강화하기 위해 리더는 자신의 리더십 행위가 구성원들에게 정치 행위를 하도록 만들고 있지는 않은지 지속적으로 고민할 필요가 있다.

능력에 따른 인사고과의 핵심은 다음과 같다.

■ 능력에 따른 평가가 이루어져야 한다.

조직의 발전은 구성원들이 자기 일에 도전하고 성취감을 맛볼 때 가능하다. 구성원들은 조직이 능력에 따라 승진, 승격을 결정한다고 생각할 때 더욱 헌신적으로 일한다. 열심히 일을 하든 그렇지 않든 때가 되면 승진이 되는 조직에서 구성원들의 열정이 피어나기를 기대하는 것은 현실에 맞지 않다.

■ 특정 구성원에 대한 리더의 편견과 편애가 없어야 한다.

많은 구성원이 자신의 능력보다는 리더의 눈에 잘 보일 때 좋은 평가를 받을 수 있다고 생각한다. 따라서 비전 달성을 위한 노력보다는 리더 개인을 충족시키는 일에 에너지를 쏟는다. 구성원들이 리더에게 잘 보이기 위해 서로 경쟁한다면 조직 내에 강한 응집력을 이끌어 내기 어려우며, 시너지 효과를 창출하기 어렵다.

■ 조직 내 아부와 험담을 없애는 리더십 행위를 해야 한다.

리더의 편견과 편애는 아부와 험담이 많은 조직을 만든다. 다른 사람을 밟고 서야만 한다는 경쟁 심리는 리더의 정치 행위에서 비롯한다. 아부와 험담이 많은 일터는 구성원들 간에 오해를 불러일으켜 조직의 정책이나 방침이 언제나 불공정하다고 느끼게 만든다. 따라서 리더가 공정성을 강화하기 위해서는 조직의 인사평가 기준에 따라 객관적이고 공개적으로 구성원들을 평가하고 승진시킬 필요가 있다.

넷째│ 차별 없는 대우 _ 업무 수행 과정에서 편애가 없는 평등한 대우

구성원들이 '조직을 위해 헌신하고 정도를 지키며 성장할 때 조직에서 인정받을 수 있다.'는 생각을 가질 수 있도록 리더가 조직 내 정의를 구현하지 않으면 구성원들은 비생산적이고 비윤리적인 행동을 하게 된다. 뿐만 아니라 정치적인 사고와 행위를 하기 때문에 업무에 몰입하기 힘들다. 그래서 조직 내 리더의 차별 없는 대우는 구성원들의 업무 수행에 큰 영향을 미친다.

실제로 조직 내에 눈에 보이지 않는 파벌이 형성되어 있는 경우가 많다. 국내 기업에서 흔히 찾아볼 수 있는 현상은 같은 학교 출신, 같은 지역 출신 등의 학연과 지연에 따른 차별대우다. 오늘날에는 이런 현상이 많이 사라졌다고는 하지만 일터에는 같은 연수 동기 또는 입사 동기 등 다양한 형태의 보이지 않는 연계 고리가 평등성을 저해하고 있다. 사람들은 자신과 공통점을 가진 사람들을 더 편하게 대하는 성향이 있다. 따라서 동질성을 가진 사람들끼리의 모임이나 편의를 봐주는 현상을 반드시 나쁘다고 말할 수는 없다. 다만 성별이나 나이 또는 학연, 지연에 따른 편애가 두드러지게 되면 구성원들은 조직으로부터 불평등한 대우를 받는다고 인식한다.

또한 구성원과 경영진 간의 신뢰가 낮은 기업에서 흔히 볼 수 있는 현상은 가부장적인 결과의 배분이다. 즉, 회사의 정확한 재정 상태가 구성원들에게 공유되고 이해되지 않은 상태에서 조직이 구성원들에게 자비를 베푸는 것처럼 나누어 줄 때, 구성원들은 불평등하다고 여기며 무언가 더 많은 것이 남아 있을 것이라는 의심을 한다. 구성원들과 재정 관련 정보를 공유하는 것은 공정성 확보에 결정적인 영향을 미친다. 회사의 재무제표, 성장률, 사회 반응 또는 시장 환경 등 크고 작은 정보를 현장에 있는 구성원들과 공유하는 기업일수록 회사가 어려움에 처할 때, 구성원들이 발 벗고 나서는 경우가 많다. 구성원들은 회사에 자비를 베풀어 달라고 하는 것이 아니라 함께 회사를 키워 나가는 파트너로서의 역할을 원하며, 그에 상응하는 공정성을 기대한다.

기업의 구성원들을 인터뷰해 보면, 회사가 막대한 이윤을 남길 때에는 그 이윤이 어디에 사용되는지 말하지 않으면서, 회사의 성장이 약간만 둔화되어도 위기감을 조성해 구성원들을 압박한다고 말한다. 구성원들은 자신들의 노력으로 회사가 성장했음에도 불구하고 성과에 따른 이윤의 대부분은 회사로 돌아가고, 적자에 대한 대부분의 책임을 자신들에게 돌린다며 리더를 신뢰하지 않는다.

또한 리더는 직급이나 성별에 관계없이 평등한 대우가 이루어지도록 노력해야 한다.

필자가 H사의 연구소를 방문한 적이 있다. 종업원 수가 수천여 명이 넘는 조직이었지만 구성원들이 커피 한 잔 편하게 마실 수 있는 공간을 찾아보기 힘들었다. 더욱 놀란 것은 여자 화장실이었다. 좁은 공간에 자리 잡은 화장실은 어두컴컴했고, 화장실 문은 마치 1980년대의 공중화장실을 연상하게 했다. 총무팀 담당자에게 GWP는 여자 화장실을 개조하는 데에서 출발해야 할 것 같다고 말했더니 그는 여사원이 5퍼센트밖에 되지 않는데 그럴 필요가 있겠냐고 대답했다. 대다수의 구성원이 남성인 이 조직에서 여사원들은 사원으로서의 대우를 받지 못하고 있음을 알 수 있었다. 아무리 탁월한 재능과 잠재능력을 가진 여사원이라고 할지라도 이러한 상황에서는 자신의 능력을 제대로 창출할 수 없다. 이런 상황이 필자의 마음을 씁쓸하게 만들었다.

'일하기 훌륭한 포춘 100대 기업'은 단 1퍼센트의 구성원에게도 똑같은 대우를 해주기 위해 노력한다. 컨테이너 스토어를 포함한 많은 포춘 100대 기업은 비정규직 사원에게도 정규직 사원과 똑같은 복리 혜택 및 대우를 해주기 위해 노력한다. 그들은 성별과 나이에 관계없이, 정규직과 비정규직 사원의 구별에 관계없이 자신들의 기업을 위해 일하는 구성원들 모두가 훌륭한 사람(Great People)이라고 자랑한다. 이런 기업의 일터를 평등하고 공정하지 않다고 누가 말할 수 있을까?

차별없는 대우의 핵심은 다음과 같다.

- **학연이나 지연에 따른 차별대우가 없어야 한다.**

  리더가 자신과 같은 학교, 같은 군대, 같은 지역의 사람들을 더 챙기거나 때로는 그러한 이유 때문에 더 멀리한다면 구성원들은 평등한 대우를 받지 못한다고 인식한다. 리더는 함께 일하는 구성원들이 조직이 추구하는 공동의 목표를 달성하기 위해 한 자리에 있다는 점을 끊임없이 강조하고 인식할 필요가 있다.

- **나이나 성별에 따른 편애를 없애야 한다.**

  조직은 나이가 많은 구성원들의 경험이나 경륜을 조직 목표를 달성하는 데 잘 활용할 수 있어야 한다. 또한 리더는 성별에 관계없이 누구나 인정받을 수 있는 기회를 가질 수 있도록 공정한 입장에서 구성원들을 대해야 한다.

- **인종에 따른 차별을 없애야 한다.**

  글로벌 시대를 지향하는 기업은 구성원들이 다양한 문화를 접하게 해줌으로써 열린 생각으로 타인을 대할 수 있게 해준다. 나라와 인종에 관계없이 우수한 인재를 채용하는 기업의 채용 변화는 리더들에게 수용적인 사고를 요구하며 다른 사람과의 차이를 인정하는 리더십을 발휘할 필요가 있음을 시사한다.

다섯째 | 이의 제기 수용 _ 부당한 대우에 대한 이의 제기

구성원들이 상사로부터 평가나 업무 수행 과정에서 불공정한 대우를 받고 있다고 느낄 때 조직은 이를 바로잡기 위한 제도나 방침을 마련한다. 구성원들이 이의를 제기할 수 있는 제도는 상사와 부하 간의 관계는 물론 부서 간, 구성원들 간에 발생하는 불공정한 일들을 처리할 수 있도록 한다. 실제로 기업들은 신문고 제도나 이의 제기 심사위원회 등을 만들어 공정성을 꾀하기 위해 노력하고 있다. 그런데 정작 이런 제도가 제대로 활용되지 않는 경우가 많다. 약자를 보호하기 위해 만들어진 이 제도는 오히려 이의를 제기하거나 불평등한 사건을 제보하는 구성원들이 인사상 불이익을 당하게 만드는 경우가 있다. 그러한 사례를 접하는 순간 구성원들은 조직이 부당한 사건들을 처리해 줄 것이라는 믿음을 상실한다.

또한 상사가 내린 잘못된 판단이나 평가 때문에 구성원들이 불이익을 당하는 경우도 있다. S사의 인사를 담당했던 어느 임원의 이야기이다. 어느 날 구성원 한 명이 평가의 부당함을 하소연하러 찾아왔다. 그 사연을 들어보니 구성원의 이야기가 구구절절 맞았다. 그런데 이미 모든 구성원에게 공개된 결과를 바꾸는 것이 쉽지 않았다. 그 결과를 바로잡으려면 조직 내에 적지 않은 혼란이 올 것이 뻔했다. 그래서 그는 다짜고짜 부하 직원에게 "사내 녀석이 쫀쫀하게 그런 것 가지고 와서 따지는 것이냐." 하고 핀잔을 주었다. 그 한마디에 직원은 얼굴이 빨개져 돌아갔다.

이 이야기는 회사가 아무리 공정성 확보를 위한 제도를 잘 만들어 놓았다고 할지라도 그것을 집행하는 사람들의 생각이 바뀌지 않는 한, 이의 제기 시스템은 소용이 없다는 것을 단적으로 보여 준다.

조직이 획일적이고 경직되어 있으며 리더가 지시-통제 중심으로 구성원들을 관리하는 경우, 구성원들은 자신이 부당한 대우에 대해 조직에 하소연하면 공정하게 처리될 것이라고 믿지 않는다. 리더는 구성원들에게 이의 제기를 할 수 있는 기회를 주면 남용할 것이라고 의심한다. 이는 임직원 간의 믿음 수준이 낮고 관계의 질이 낮기 때문에 생기는 현상이다. 그러나 GWP를 구현하는 기업들은 구성원 하나하나의 존재와 그들의 권리를 존중해 주기 위해 노력한다.

이의 제기 수용의 핵심은 다음과 같다.

■ 구성원들이 부당함을 호소하면 조직은 이를 해결해 준다는 믿음을 갖게 하라.

제도나 시스템을 만드는 것보다 더 중요한 것은 구성원들에게 작은 것이라도 잘 수용되고 있다는 믿음을 심어 주는 것이다. 리더의 부당한 행위, 조직 내 임직원 간의 비윤리적인 행위, 정치적인 행위들로 인해 피해를 보는 정직한 사람들이 보호를 받을 때 구성원들은 조직이 청렴하고 공정하다고 생각한다.

■ 구성원들이 자신의 이익을 위해 조직의 제도나 시스템을 남용할 것이라는 의심을 버려라.

우리 사회에는 근본적으로 양심적으로 행동하고 생각하는 사람들의 비율이 그렇지 못한 사람들보다 훨씬 많다. 소수의 부정직하고 부도덕한 사람 때문에 규정이나 제도가 존재한다면, 다수의 정직한 사람이 열심히 일할 수 있는 업무 환경을 조성하기는 힘들다. 이의를 제기할 수 있는 시스템도 정직한 사람들이 보호받을 수 있도록 하는 조직의 배려이다.

자부심 Pride

구성원들이 주인의식을 가지고 애사심을 발휘할 때 조직의 성과 창출이 월등하다는 사례는 경영 관련 연구에서 많이 찾아볼 수 있다. 자부심은 구성원들이 자신의 일에 대한 주인의식과 긍지를 가지고 서로의 노력을 인정해 주는 가운데 팀 성과를 창출하기 위해 노력하고 있다고 느끼는 정도를 반영한다. 또한 기업이 사회적으로 존경받으며 사회에 공헌하고 있다고 느끼는 구성원들의 자부심 수준을 반영하는 지표다.

첫째 | 자긍심이 높은 구성원 _ 자기 일에 긍지를 가지는 사람들

업무에 대한 전문성보다는 자기 일을 바라보는 구성원들의 태도와 생각이 자긍심의 수준을 결정한다. 어떤 구성원들은 하나의 문제를 해결하기 위해 밤낮없이 매달리는가 하면, 어떤 구성원들은 쉬운 일도 대충 처리하여 실수를 범한다. 일을 단순히 노동이라 생각하는 구성원들은 자신의 일에서 주인의식을 갖지 못한다. 하지만 일이 자신의 자아를 성취할 수 있는 기회이며, 자신의 능력을 시험해 볼 수 있는 기회라고 생각하는 구성원들은 업무의 종류에 관계없이 자긍심을 갖는다.

리더가 구성원들에게 그들의 업무 결과가 조직에 기여한다는 느낌을 갖도록 격려하고 지원할 때 그리고 구성원 스스로 자기 일이 조직의 성장에 기여하고 있다고 느낄 때 업무에 대한 자긍심이 높아진다. 자신이 만든 제품이나 서비스가 사회에 기여하고 있다고 느낄 때 역시 마찬가지다.

GWP 신뢰경영지수 조사 결과를 보면 대부분의 기업 구성원이 자신의 일이 조직에 기여한다고 생각한다. 또한 자기 일에 높은 긍지를 가지고 있다. 그러나 주변 동료들이나 상사들은 기대 이상의 노력을 하지 않는다고 인식하는 경향이 있다. 따라서 리더는 구성원들이 자신이 노력하는 것 이상으로 동료들도 회사를 위해 헌신하고 있다는 인식을 강화시켜 주고 자긍심을 가질 수 있도록 이끌어야 한다.

구성원들의 자긍심을 높이는 핵심은 다음과 같다.

■ 구성원들이 자기 일에 의미를 가질 수 있게 하라.

리더는 구성원들의 업무가 얼마나 중요한 것인지 인식시켜 주어야 한다. 또한 그들이 노력하고 있다는 것을 인정해 줌으로써 구성원들이 자신의 업무가 회사에 기여하고 있다고 느낄 수 있도록 해주어야 한다. 구성원들은 자기 일에서 의미를 느낄 때 업무에 몰입하는 경향이 있다. 이는 학습 성장의 의지를 높여 주기도 한다. 구성원들의 학습 성장의 의지는 프로의식을 가질 수 있게 하는 기초가 된다.

■ 동료들의 수고를 인정해 주는 분위기를 만들어라.

구성원들이 자신이 속한 팀이나 동료들과의 관계에서 그들의 노고를 인정함으로써 서로에 대한 존중과 배려가 생긴다. 존중과 배려는 구성원들 간에 원활한 업무 협조가 일어나게 만들며 선의의 경쟁을 불러일으킨다. 다른 사람의 노력을 인정해 줄 때 구성원들은 자신만이 희생당하고 있다는 생각을 하지 않는다.

둘째 | **자부심을 심어 주는 회사 _ 회사의 사회적 공헌**

기업은 사회적 또는 문화적으로 많은 공헌을 한다. 기업의 사회적 공헌은 기부에서부터 구성원들의 봉사활동에 이르기까지 다양하다. 사회적 공헌을 많이 하는 기업은 구성원들에게 애사심과 자부심을 심어 준다. 구성원들이 조직에 대해 자부심과 애사심을 가지면 이직률이 낮아진다. 실제로 많은 기업이 팀별 또는 구성원 개개인의 특성에 따라 다양한 봉사활동을 할 수 있게 지원한다. 외부에 비치는 기업의 긍정적인 이미지는 구성원들이 계속 근무하고 싶은 회사를 만드는 데 기여한다.

종종 최고경영자의 비윤리적인 행위나 기업의 부조리가 매체를 통해 보도되는 일이 있다. 이때 구성원들의 자부심은 급격히 떨어진다. 따라서 기업의 사회적 기여는 기술이나 제품, 서비스 또는 기부의 범위를 넘어 내부의 윤리까지 포함하는 포괄적인 개념이다. 또한 사회적으로 도덕적이고 윤리적인 규범에 근거해 기업을 운영하는 것도 구성원들의 자부심 수준에 영향을 미친다.

'일하기 훌륭한 포천 100대 기업'에 이름을 올린 기업 중에는 사회적으로 비윤리적이고 불법적인 조직 운영으로 인해 기업 이미지에 큰 손상을 입혔을 뿐만 아니라 구성원들의 마음에 상처를 남긴 곳도 있다. 이처럼 구성원들의 자부심은 기업의 사회적 공헌뿐만 아니라 윤리경영에도 영향을 받는다.

일하는 재미 Fun

GWP 조직문화를 구축할 때 가장 쉽고 가시적인 성과를 거둘 수 있는 영역이 바로 구성원들 간의 관계의 질을 다루는 일하는 재미 부문이다. 일하는 재미는 구성원들 간에 강한 동료애(Camaraderie)가 형성된 조직 분위기를 의미한다. 재미는 구성원들 간의 관심과 배려, 호의와 친절 그리고 공동체의식이 얼마나 강한지를 측정한다. 즉, 구성원들이 함께 일하는 것이 재미있다고 느끼는 수준을 반영하는 지표이다. 일하는 재미가 넘치는 조직은 협력 수준과 정보 공유의 수준이 높다. 구성원들이 서로의 성장과 성공을 돕는 관계 속에서 생활하기 때문에 활력이 넘치는 일터가 된다. 구성원들 간에 사랑과 관심이 넘치는 행동이 지속적이고 반복적으로 일어나 팀의 신뢰가 강화된다. 팀의 신뢰는 구성원과 조직의 신뢰 관계에 영향을 미친다.

그런데 많은 기업이 구성원들 간의 관심과 배려를 바탕으로 한 일하는 재미를 거창한 신바람 운동이나 이벤트 등의 일회성 행사로 진행한다. 기업은 경조사를 비롯하여 체육대회, 직원 가족 초청 행사, 등반, 한마음 교육, 야유회 등 구성원들의 단합을 위한 이벤트를 많이 제공한다. 이러한 활동을 통해 조직 내 활력을 불어넣어 신바람 나는 조직을 만들기 위해 노력한다. 그럼에도 불구하고 신뢰경영지수 조사 결과에서 '재미' 부문은 더 낮은 신뢰 수준을 보인다.

회사에서 제공하는 획일적이고 일회성으로 끝나는 이벤트는 실제 업무에서 협력하는 환경을 조성하지 못하기 때문에 팀에 활력을 불어넣지 못한다. GWP의 '재미' 부문은 생활 속의 작은 사랑, 작은 관심, 타인에 대한 배려의 행동을 심어 가는 활동이며, 팀워크를 강화하는 리더의 노력 등을 포함한다. 진정한 의미의 재미있는 일터는 구성원들 간에 상호 관계의 질을 개선함으로써 동료들과 함께 일하는 과정에서 발생하는 크고 작은 인정과 축하 그리고 우리는 '하나'라는 느낌을 갖게 하는 것이다.

국내 기업의 일하는 재미 수준이 낮은 이유는 업무를 벗어나면 서로 동료애를 느끼며 한마음이 되는 활동을 펼치는 반면, 업무로 돌아오면 또다시 정치적 행위와 권위적인 업무 지시, 통제가 이루어지기 때문이다.

첫째 | **친근한 일터** _관심과 배려가 넘치는 분위기

구성원 간의 밝은 인사와 관심 섞인 한마디, 크고 작은 축하, 위로, 격려, 새로운 사람에 대한 관심과 배려는 일터의 친근감을 높여 구성원들이 즐겁고 편안한 마음으로 업무에 몰입할 수 있도록 한다.

구성원들 간에 관심과 배려가 넘치는 조직은 다양한 축하 활동이 이루어진다. 또한 구성원들이 비교적 자유롭게 행동하고 생각하기 때문에 조직 분위기가 유연하다. 재미가 느껴지지 않는 업무와 엄격하고 획일적인 규율 때문에 구성원들의 개성이 피어나지 못한다면 구성원들은 회사를 사랑하는 마음을 가질 수 없다.

기업들이 축하 활동을 형식적으로 하는 경우가 있다. 생일을 맞은 구성원들에게 전달되는 케이크와 카드, 승진한 구성원들을 위한 회식, 구성원들의 결혼기념일에 배달되는 꽃바구니 등은 때가 되면 당연히 이루어지는 일상적인 사건일 뿐이다. 이런 틀에 박힌 축하 활동은 더 이상 축하가 되지 못하고, 흥미진진한 설렘의 선물이 되지 못한다.

진정한 축하 활동은 구성원들 간에 진실한 관심과 배려가 있을 때에만 가능하다. 오데틱스사는 발렌타인데이에 구성원들의 건강을 고려하여 초콜릿이 아닌 홍당무를 서로 주고 받는다. 쉰 살이 되는 구성원들을 위한 50대의 날을 정해 하루 종일 그 세대가 즐겼던 음악을 틀어 주기도 한다. 사우스웨스트 항공사는 매달 구성원들의 메시지를 담은 '사랑의 릴레이'를 진행한다. 빨간 도화지에 하트를 그려 정성을 담은 메시지와 함께 옆에 앉은 동료에게 전달하는 '사랑의 릴레이'는 업무 중간에 이루어진다. 시노버스 파이낸셜사는 구성원들이 자진하여 다른 팀을 위해 '서프라이즈 파티'를 열기도 한다. 오후 시간에 잠시 짬을 내어 특정 팀에게 아이스크림을 배달하거나 도넛을 제공하는 이벤트는 업무로 인해 스트레스를 받는 구성원들을 서로 격려하는 활동이 된다. 이는 팀 간의 관심과 협력을 높이는 좋은 결과를 가져오고 있다.

국내의 많은 기업도 크고 작은 축하 활동이나 이벤트를 진행하고 있다. 아트라스비엑스는 생산직 사원들을 위해 점심시간에 구내식당 밖에서 '재미삼아 리그'를 진행한다. 훌라후프, 음료수 병에 고리 던지기, 제기차기, 동전 쌓기 등 짧은 시간에 구성원들이 스트레스를 풀며 함께 웃을 수 있는 활동이다. 이 활동의 아이디어는 구성원들로부터 나온다. 축하 활동은 부서의 특성에 따라 다양한 형태로 진행하는 것이 바람직하다. 전사적으로 행하는 한두 번의 큰 이벤트는 비용 대비 효과가 적다.

진정한 의미의 GWP를 구현하는 조직은 구성원들이 진심을 담아 상대방에게 해주는 작은 활동을 통해 긍정적인 에너지를 쌓아간다. 또한 구성원들이 창의성과 개성을 살려 다양한 축하 활동을 설계한다. 일관성 있는 구성원들의 관심과 배려는 협력 수준을 증가시켜 업무의 질과 성과를 높이는 데 기여한다.

이처럼 긍정적이고 재미가 넘치는 조직, 구성원들이 서로에게 감사하고 격려하는 마음, 승진이나 승격 등 성공에 대한 질투와 시기보다는 축하해 주는 마음이 넘치는 분위기는 구성원들이 눈만 뜨면 달려가고 싶은 회사로 만든다.

친근한 일터를 만드는 핵심은 다음과 같다.

■ 성공을 축하해 주는 일터를 만들어라.

리더는 구성원들이 서로를 인정하고 축하해 주는 일터를 만들어야 한다. 구성원들 간의 선의의 경쟁은 조직의 고성과 창출을 이끌 뿐만 아니라 구성원 개개인이 전문적인 능력을 갖추는 데 도움이 된다.

■ 웃음과 유머가 넘치는 일터를 만들어라.

웃음과 유머는 구성원들의 생각과 행동을 유연하게 만들어 어렵고 힘든 일을 재미있게 할 수 있도록 에너지를 충전시킨다. 피할 수 없으면 동료들과 함께 즐길 수 있는 방법을 찾아가는 것이 '재미있는 일터'이다.

■ 창의적인 일터 환경을 만들어라.

서로에 대한 작은 관심은 큰 감동을 선사한다. 독특한 자신의 스타일을 담은 책상 가꾸기, 가족 사진이나 존경하는 사람의 사진 또는 팀원들끼리 주고 받는 작은 선물, 젊은 날의 사진 등을 보면서 구성원들은 자신이 꿈꾸는 미래를 공유하기도 한다. 팀 내에 계절의 냄새를 느낄 수 있는 공간을 만드는 것도 재미있는 일이다. 특별한 날에 팀의 벽면을 장식하는 활동을 함께 추진하면 구성원들은 하나가 되는 느낌을 가진다.

둘째 | 친절과 호의적인 행동 _ 상대방을 있는 그대로 인정

친절한 행동은 상대방을 있는 그대로 인정하는 것이며 상대방의 행동과 태도를 존중해 주는 것이다. 또한 상대방의 이야기에 귀 기울이며 진심에서 우러나는 감사와 축하의 인사말을 건네고 먼저 돕고 호의를 베푸는 행위는 조직생활에 낯선 신입사원이나 전배 사원들로 하여금 외톨이라는 느낌을 없애 준다.

동료들 간에 보이는 호의와 친절은 격려, 감사, 칭찬 등 다양한 형태로 표현할 수 있다. 업무가 잘 진행되지 않아 고민하는 동료나, 상사로부터 질책을 받아 사기가 떨어져 있는 동료의 책상 위에 놓인 위로의 한마디를 담은 격려 메시지는 스트레스를 해소시켜 주는 청량제와 같다. 그리고 도움이 필요한 동료에게 힘이 되어 주지 못했을 때 미안함을 담은 한마디는 서로의 입장을 이해하고 수용할 수 있는 여유를 갖게 만든다. 동료들에 대한 친절한 행동 또한 상대방에 대한 관심에서 출발한다. 상대방에 대한 관심은 구성원들을 나 중심의 사고에서 벗어나 상대방의 입장에서 생각하고 행동하게 만든다. 동료의 고충과 고민을 경청하고 해결해 주기 위해 노력하는 작은 친절은 팀을 하나로 엮어 내는 윤활유가 된다.

분위기가 지나치게 조용하거나 구성원들이 서로 말하기를 귀찮아 하는 일터는 조직문화 자체가 무겁고 경직되어 있다. 구성원들이 이기적이고 동료들에게 무관심하다면, 동료의 가족이나 생활에 대해 묻는 것이 사생활 침해처럼 느껴진다고 말한다면 그 일터는 서정이 메마른 황폐한 조직이다. 친밀감이 넘치는 일터, 재미있게 일하는 조직은 큰 이벤트나 행사에 의해 만들어지는 것만이 아니다. 진심에서 우러나는 작은 친절의 행동은 구성원 서로에게 큰 감동을 주며 GWP 구현을 가시화시킨다.

친절과 호의적인 행동의 핵심은 다음과 같다.

■ 창의적인 행동으로 신입사원들에 대한 배려를 보여 주어라.

어느 신입사원의 이야기이다. 그는 출근 첫날 자신의 자리에 달린 배너를 보고 깜짝 놀랐다. '000 사원, 우리 부서에 배치된 것을 축하합니다.'라는 문구가 적혀 있었다. 책상 위에는 축하 메시지가 적힌 카드와 어떤 도움을 누구에게 받을 수 있는지, 누가 어떤 분야의 전문가인지 상세하게 적힌 메모가 있었다. 뿐만 아니라 회식 날짜와 그것을 주관하는 사람이 누구인지, 좋아하는 음식과 주량 등을 적을 수 있는 카드도 놓여 있었다. 그는 온종일 신입사원이 최고인 것처럼 환영해 주는 선배들 때문에 출근 첫날부터 낯선 부서를 친근하게 느꼈으며 그 회사가 바로 자신이 평생 동안 일할 곳이라는 생각이 들었다고 한다.

많은 사람이 신입사원이 입사를 하면 가장 먼저 조직이 녹록한 곳이 아니라는 것을 알려주어야 한다고 말한다. 기선을 제압해야 말도 잘 듣고 앞으로 시키는 일도 군소리 없이 잘할 것이라 생각하는 것이다. 그러나 공동체의 일원이 된다는 것은 공감하는 영역이 커진다는 것이며, 한마음이 된다는 것이다. GWP를 구현하는 일터에서는 신입사원들이 편한 마음으로 조직에 적응할 수 있도록 다양한 이벤트를 펼치고 있다.

■ 전배자를 외톨이로 만들지 말라.

신입사원보다 더 어려운 것이 전배자를 위한 배려다. 전배자는 정들었던 기존의 부서나 조직을 떠나 문화가 다른 조직으로 옮겨간다. 이때 기존에 몸담았던 조직에 대한 그리움 때문에 새로운 부서에 적응하는 것을 힘들어 하는 사람이 있다. 이러한 전배자들이 새로 배치된 부서에 빠르게 적응할 수 있도록 배려하는 것은 공동체 강화를 위해 매우 중요하다. 새로 배치된 조직의 문화에 이질감이 생기지 않도록 기존 구성원들이 감싸 주는 노력이 필요하다. 업무의 변화에서 생기는 갈등을 빠르게 해결해 주기 위해 돌아가면서 멘토의 역할을 해주는 것도 바람직하다.

셋째 | 공동체의식 _ 우리는 하나

강한 공동체의식은 구성원들을 공동의 비전과 목표를 향해 한 방향으로 정렬시키는 응집력을 만든다. 함께 일하는 구성원들이 조직의 비전을 공유하고 공동의 가치를 지켜 나갈 때 조직 내에 일체감이 형성될 뿐만 아니라 가족과 같은 운명 공동체가 형성된다. 이러한 공동체의식은 구성원들의 공동 목표 의식을 강화시켜 조직의 목표 달성을 쉽게 성취할 수 있게 한다.

일터의 재미는 구성원들 간에 얼마만큼 끈끈한 정이 흐르는가에 따라 좌우된다. 동료가 꼴보기 싫으면 함께하는 일도 재미가 없을 뿐 아니라 도와주고 싶은 생각이 들지 않는다. 사람들은 직장생활이 어떤 것인지 잘 알기 때문에 겉으로는 서로 잘 지내는 것처럼 보이게 행동한다. 그러나 정작 마음은 열지 않는다. 공동체의식은 구성원들이 서로에 대해 깊이 이해하려 노력하고, 다른 사람과의 차이를 인정하지 않으면 형성되기 힘들다.

기업의 공동체의식과 관련한 특성을 살펴보면 경조사를 챙기는 일이나 개인적으로 어려울 때 도와주는 '우리'라는 문화가 잘 발달해 있다. 그래서 구성원의 집안에 어려운 일이 있거나 좋은 일이 있을 때에는 내 일처럼 도와주는 가족 같은 분위기가 잘 조성되어 있다. 그런데 이러한 경조사를 통해 하나라는 느낌을 가지는 구성원들도 막상 조직의 일터로 돌아오면 이기적인 생각과 경쟁심을 가진다. 이는 일터의 문화가 수직적이고 위계적으로 경직되어 있기 때문이다. 타 부서와의 협력 수준이 낮은 것은 물론, 구성원들끼리 기꺼이 자신의 시간이나 노력을 희생하면서 동료를 도와주는 경우가 많지 않다. 이런 구성원들을 보며 리더는 그들이 이기적이고 자기밖에 모른다고 말한다.

필자의 주변에는 젊은 세대일수록 자기 것만을 챙기려는 성향이 강해 공동체의식이 와해되어 가고 있다고 한탄하는 리더가 많다. 그런 의미에서 '이웃사촌'이라는 말도 옛말처럼 느껴진다. 그러나 GWP 공동체의식은 구성원 개개인이 서로의 눈치를 보지 않고 비교적 자유스럽게 행동하고 사고할 수 있는 일터 환경에서 출발한다. 가족은 근본적인 신뢰가 형성되어 있기 때문에 가족 구성원 하나하나가 심리적으로 편하게 행동한다. 이처럼 일터에서 우리가 한 가족이라고 느끼는 경우는 함께하는 구성원들이 서로 편안하게 생각하고 행동하며 협력하는 가운데 서로 성장해 갈 때이다. 이러한 일터는 조직이 팀워크에 의한 성과를 중시하고 실제 평가나 보상에 팀워크의 수준이 반영될 때에만 가능하다.

GWP 공동체의식을 저해하는 요소로는 부서 간 또는 부서 내의 이기주의를 들 수 있다. 개개인의 경쟁을 부추기는 성과 시스템이나 리더의 편견과 편애가 평가나 인사고과에 반영되는 것을 보면, 구성원들은 서로 협력하지 않는다. 기업의 최고경영자가 특정 부문이나 사업장을 강조할 때 부서 간의 협력은 기대하기 어렵다. 실제로 부서 이기주의는 조직의 목표 달성을 위한 시너지 효과를 창출하는 데 가장 큰 장애가 되고 있다. 부서 이기주의는 부서 내 구성원들 간의 개인적인 경쟁심과 합쳐져 조직을 더욱 둔화시키고, 구성원들의 마음을 고립시킨다.

가족 같은 분위기의 핵심은 경조사를 챙기는 것이 아니라 일상생활에서 서로에게 관심을 가지고 배려하는 가운데 신뢰하는 공동체를 형성해 가는 것에 있다. 부서 이기주의나 구성원들의 개인 이기주의 타파는 조직 내의 크고 작은 정보의 흐름을 자유롭게 한다. 또한 구성원들이 개인의 성공보다는 조직의 공동 목표를 먼저 생각하게 만든다.

공동체의식의 핵심은 다음과 같다.

■ 부서 내 또는 부서 간의 협력을 강화시켜라.

조직이 지나치게 개인 경쟁을 강조할 경우, 성과를 창출하기 위한 부서 간의 보이지 않는 갈등이 심화된다. 뿐만 아니라 리더가 경쟁심을 의도적으로 조장하는 경우, 구성원들 간의 이기적이고 자기 중심적인 사고와 행동이 습관화된다.

부서 내 또는 부서 간의 협력 수준이 높을 때 정보 공유 수준이 높아진다. 이는 고성과 창출로 이어진다. 구성원들이 서로 협조적이라고 느낄 수 있는 일터를 만들기 위해서는 상하 간의 커뮤니케이션 못지않게 구성원들 간의 목표 공유, 업무 추진 과정에서의 지식 공유 및 자유로운 의견을 서로 개진할 수 있는 수평적 커뮤니케이션을 활성화시켜야 한다.

■ 가족적인 분위기를 만들어라.

구성원들이 집에서 일하는 것처럼 마음이 편하고 긴장감이 없으면 성과를 내지 못하고 나태해진다고 걱정하는 리더가 있다. 구성원들은 업무에서 오는 스트레스보다 사람과의 관계에서 비롯하는 갈등과 스트레스 때문에 더욱 힘들어한다. 서로 하나라고 느낄 수 있는 일터, 가족처럼 편안하고 친밀한 관계는 조직 내 공동체의식을 강화시켜 고성과 창출의 원동력이 된다.

GWP 성공 열쇠는 기업의 경영철학과 전략

단기적이며 가시적인
성과를 기대하지 말라

기업마다 나름대로의 조직문화를 가지고 있다. 그 조직문화는 기업의 성장과 발전에 기여하는 강점은 물론, 취약점 또한 가지고 있다. 조직문화는 함께 생활하는 임직원들의 생각과 태도, 행동 방식의 결과다. 임직원들의 공유 가치와 태도, 행동은 시간이 흐름에 따라 점점 굳어져 간다. 오랜 시간을 거듭하면서 굳어진 조직문화를 바꾸는 것은 결코 쉽지 않다. 많은 기업이 GWP 조직문화를 구현하기 위해 거창하게 출발을 시도했지만 중간에 멈추거나 과거의 문화로 회귀하는 현상을 보인다. 그 이유는 가시적이고 성급한 성과를 기대하는 리더의 초조함 때문이다.

특히 단기간에 사업적인 성공을 경험해 온 최고경영자나 리더들은 조직문화 혁신도 불도저처럼 밀어붙이면 쉽게 바뀔 것이라 착각한다. 그들은 혁신 활동이나 조직의 시스템 또는 제도를 바꾸는 것처럼 문화 혁신도 어렵지 않게 이루어질 것이라 생각한다. 사람들의 생각과 태도 그리고 습관적이고 관행적인 행동이 쉽게 바뀔 수 있다면 얼마나 좋을까? 구성원들이 타인이 변하기를 기대하는 만큼 자신들의 생각과 행동을 조직이 기대하는 방향으로 바꾼다면 문화를 바꾸는 일은 그리 어렵지 않을 것이다.

그러나 구성원마다 살아온 환경과 경험은 물론, 습득해 온 지식의 범위가 다르다. 그들의 인지구조는 성장기를 거치면서 점점 굳어져 새로운 것을 쉽게 받아들이지 못한다. 조직문화를 바꾸는 것은 구성원 개개인의 생각과 행동의 집합체를 변화시키는 활동이다. 제도나 시스템은 쉽게 바꿀 수 있지만 문화는 오랜 기간을 거치면서 조직 내에 보이지 않게 축적되어 온 구성원들의 공통적인 가치와 행동의 집합체이기 때문에 거두어 내기가 쉽지 않다. 그 안에는 기업이 추구해 온 가치와 철학이 나름대로 깊이 뿌리박혀 있다.

한때 유행처럼 한국 기업을 휩쓸고 간 신바람 운동이나 리엔지니어링, 학습조직 구축 등의 혁신 활동이 뿌리내리지 못한 것은 이러한 혁신 활동의 중심에 자리 잡은 철학을 제대로 이해하지 못했기 때문이다. GWP 조직문화를 구축하기 위해 노력하는 많은 기업이 성공하지 못하는 이유도 활동이나 행사 중심으로 문화 혁신을 하기 때문이다.

문화 활동을
그대로 답습하지 말라

조직문화를 바꾸기 위해 노력하는 담당자들은 이곳 저곳을 찾아다니면서 좋다고 생각되는 활동이나 이벤트를 벤치마킹하여 자사에 적용한다. 이는 뿌리 없는 나무에 잎사귀만 주렁주렁 달아 놓은 것과 같다. 구성원들은 문화의 중요성과 변화의 이유를 인식하기도 전에 조직이 마련한 문화 활동 잔칫상 앞에 앉는다. 그러고는 몸에 좋다는 음식을 모두 먹어 보듯 준비된 활동을 모두 해본다.

이 과정에서 구성원들은 스스로 의지를 가지고 참여하는 활동이 아니기에 참여를 하면서도 문화 활동의 주체가 아닌 평가자의 자세를 취한다. 그리고 조직이 제공하는 활동은 다 해봤기 때문에 새로운 것, 더 참신한 것, 더 편하고 흥미로운 것을 원하고 더 강도 높은 조직문화 항생제를 요구한다. 즉, 외부지향적이고 의존적이며 타율적인 문화 활동에 면역이 되는 것이다.

어느 기업이든 붕어빵처럼 똑같은 활동, 똑같은 행사, 똑같은 복지 혜택이 존재한다. 사우스웨스트 항공사의 '유머와 웃음 문화'는 미국을 포함한 전 세계 기업들의 벤치마킹 1순위였다. 한국 기업들도 이 회사의 문화를 도입하기 위해 노력해 왔다. 그러나 눈에 보이는 활동이나 자료 등을 모두 가져와도 내부에 뿌리박힌 '구성원들 간의 사랑의 힘'은 결코 가져오지 못했다. 그렇게 수많은 기업이 이 회사의 문화를 벤치마킹했지만, 어느 한 기업도 사우스웨스트 항공사와 같은 문화를 정착시키지 못했다. 그 이유는 바로 이 회사가 추구하는 경영철학과 가치를 이해하지 못했기 때문이다.

한때 GWP 조직문화 구축 활동의 선장 역할을 하던 SB사의 CEO는 조직 내 우수 인력들의 불만이 높아지자 이들의 불만을 높은 성과급으로 대체하려고 하였다. 물론 GWP 조직문화를 컨설팅하는 입장에서는 반대할 수밖에 없었다. 리더를 바라보는 구성원들의 생각과 태도의 변화 그리고 구성원들을 바라보는 리더의 생각과 태도의 변화 없이 외부적인 자극에 의해 이루어지는 변화는 쉽게 무너진다.

적어도 향후 5년을 내다보는 조직문화 비전을 달성하는 데 필요한 가치와 철학을 재정립하며 구성원들의 생활 속에 철학과 가치가 녹아들 수 있도록 문화를 혁신하지 않으면 조직이 제공하는 좋은 제도나 시스템도 임시방편의 효과밖에 기대할 수 없다. 아니나 다를까 SB사의 경우 급여나 성과급이 높아지면 우수 인력들의 불만이 사라질 것이라 기대했던 최고경영자의 생각과 달리, 일 년 후 우수 인력들의 조직에 대한 신뢰경영지수는 더욱 낮아졌다. 이때 최고경영자는 '문화는 돈으로 살 수 없다.'는 것을 절실히 깨달았다. 이를 계기로 SB사는 조직문화 활동의 기본으로 돌아가 조직이 추구하는 가치와 철학을 재정립하였다.

우수 인재들은 심리적으로 성과 달성에 장애가 되는 크고 작은 업무 환경이 즉시 제거되는 조직, 일의 결과가 제대로 인정받는 공정한 조직, 자신들의 능력을 끊임없이 실험하는 가운데 최고에 도전하고 싶은 욕구가 충족되는 일터 그리고 행복하게 일할 수 있는 분위기를 갈망한다.

GWP 철학과
가치를 정립하라

사람의 존엄성은 물질적인 것에 좌우되지 않는다. 사람의 생각과 마음은 돈으로 살 수 없다. 모든 사람은 직위나 직급, 경제 수준에 관계없이 존중받을 권리가 있다. GWP 조직문화를 구축하는 기업의 최고경영자를 포함한 리더는 구성원들이 누구인가를 깊이 이해해야 한다.

GWP 조직문화는 외형적인 활동이나 행사의 반복으로 구축할 수 없다. 기업의 철학과 가치에서부터 출발하지 않으면 '신뢰를 바탕으로 한 일하기 훌륭한 기업'을 만들 수 없다.

GWP 조직문화를 추구해 온 '포춘 100대 기업'이 강한 조직문화를 구축할 수 있었던 바탕에는 몇 가지 공통적인 특징이 있다.

첫째, '포춘 100대 기업'은 '사람 중심의 경영철학'을 일상생활에서 일관성 있게 실천한다.

'포춘 100대 기업'은 액자 속에 걸어 놓는 철학이 아니라 리더를 중심으로 사람이 가장 중요한 자산이라는 점을 구성원들이 인식할 수 있도록 일관된 리더십 행위를 실천한다. 회사 상황이 좋을 때나 어려울 때나 변함없는 인간 존중의 리더십 행동을 구성원들에게 보여 주려 노력한다. 임직원들은 자신들의 존재 가치(Who we are), 존재 이유(Why we are here), 역할(What we do)을 명확히 이해하고 있다. 이 기업들의 리더는 조직의 번영을 위해 무엇을 할 것인지, 어떤 사업을 할 것인지보다 구성원들이 자신들은 누구이며 왜 함께 모여 있는지에 대한 가치를 깊이 깨닫는 것이 더 중요하다고 강조한다. 이러한 기업의 경영철학이 바탕이 되기 때문에 임직원들은 '인간 존중'의 가치와 행동이 선택이 아닌 필수라고 생각한다.

둘째, '포춘 100대 기업'은 '지식 공유의 철학'을 사업 추진의 바탕으로 삼아 열린 커뮤니케이션을 습관화한다.

'포춘 100대 기업'은 의사소통 과정에서 리더가 알아야 할 것과 구성원들이 알아야 할 것이 다르지 않다는 것을 구성원들이 느낄 수 있게 한다. 따라서 구성원들은 회사가 무엇을 하는지 궁금해할 필요도, 인사이동이 어떻게 이루어지는지 촉각을 곤두세울 필요도 없다.

이러한 기업에서는 밀실 인사이동이나 평가를 찾아보기 힘들다.

직위에 관계없이 '구성원들의 알 권리'가 충족되기 때문에 또한 팀 성과가 개인의 이기적인 성과보다 더 중요시되기 때문에 '나만의 지식이나 기술 보유' 또는 '나만의 성공'이라는 것을 찾아보기 힘들다. 리더와 구성원들은 조직의 목표 달성에 필요한 지식과 정보는 모든 임직원이 공유하고 활용해야 할 공동의 자산이라는 점을 깨닫고 있다.

셋째, '포춘 100대 기업'은 '인정과 수용의 철학'을 바탕으로 구성원들과 기업의 사업 성과를 공유한다.

'포춘 100대 기업'은 구성원들의 크고 작은 노력과 성과를 인정한다. 조직의 리더는 '구성원들을 위해 헌신하고 봉사하는 것이 자신의 역할'이라는 서번트 정신을 가지고 있다. 또한 다른 사람의 능력과 결과를 인정하면서 먼저 자신을 낮추는 겸손함이 몸에 배어 있으며, 다른 사람과의 차이를 인정하고 수용할 뿐만 아니라 자신이 틀릴 수도 있다는 열린 사고를 가지고 있다. 이 기업의 리더들은 대부분의 업무 시간을 구성원들의 성공과 성장을 위해 코칭하고 봉사하는 데 할애한다. 그리고 구성원들이 목표를 성취해 나갈 때 더욱 쉽고 재미있게 일할 수 있도록 적절한 권한을 위임하고 정보와 지식을 제공한다. 또한 구성원들의 다양한 업무 수행 방법을 허용하고, 좋은 결과에 대해 다양한 방법으로 인정한다.

이러한 일터 환경은 구성원들이 조직의 성과 창출을 위해 서로의 성공을 돕는 분위기를 형성한다. 훌륭한 일터를 구현하는 기업들의 경영철학은 생활 속에 뿌리내려져 임직원 모두가 기업이 추구하는 경영철학에 근거하여 업무를 수행할 수 있게 만든다.

자사에 맞는 GWP
변화 로드맵을 공유하라

GWP 조직문화 구축은 최고경영자의 의지와 신념이 가장 큰 영향을 미친다. GWP 조직문화 구축을 위한 전략 수립은 기업의 규모나 구성원들의 성향 그리고 업종에 따라 다소 차이가 있다. 하지만 일차적으로 3개년 전략을 수립하여 실행하는 것이 바람직하다. 이 기간에 조직은 최고경영자를 포함한 리더와 구성원 모두가 GWP의 철학을 정립하여 그 의미를 공유함으로써 GWP 조직문화의 공감대를 형성해야 한다. 또한 GWP 조직문화 철학을 바탕으로 리더와 구성원들이 자신의 미션과 역할을 수행할 수 있도록 필요한 시스템이나 제도를 재정비해야 한다.

GWP 조직문화의 첫 출발은 임직원 간의 높은 신뢰 구축을 위한 활동에서 출발한다. 따라서 GWP 조직문화 추진팀은 기존의 다양한 문화 활동을 재정비하여 GWP 경영과 연계시킴으로써 구성원들의 혼란을 최소화시켜야 한다.

GWP의 5대 변화 추진 전략

첫째 │ 최고경영자의 의지 표명

GWP 구현은 최고경영자의 경영철학에 바탕을 두어야만 성공할 수 있다. 최고경영자의 신뢰경영에 대한 확고한 의지는 임직원들에게 일터의 모습에 대한 비전을 제시한다. GWP의 핵심은 신뢰(Trust)이다. 신뢰경영의 구현은 경영진이나 리더가 구성원들을 얼마나 신뢰하느냐보다 다수 구성원이 경영진과 상사를 얼마나 신뢰하느냐에 달려 있다. 그래서 신뢰경영은 구성원들이 믿고 따를 수 있는 일터를 만들기 위한 경영진과 리더의 노력을 뜻한다. 최고경영자는 신뢰경영에 대한 구현 의지를 구성원들과의 신뢰를 회복하는 상징적인 액션(Symbolic Action)으로 표출한다.

최고경영자는 조직 내의 모든 혁신 또는 경영 활동이 임직원 간의 신뢰를 근간으로 진행되어야 한다는 점을 지속적으로 강조해 주어야 한다. 또한 구성원들과 GWP가 구축되었을 때의 조직 이미지를 커뮤니케이션하며 임직원 모두 GWP 구현의 주체가 되어야 한다는 점을 홍보하는 역할을 해주어야 한다. 최고경영자의 의지 표명은 회의, 월례사, 간담회, 최고경영자 메시지 등에 가장 먼저 등장하는 단골 메뉴여야 한다. 최고경영자의 GWP 구현에 대한 강한 의지는 비전을 달성해 나갈 때 임직원들이 어떤 생각과 태도를 가지고 업무를 수행해야 하는지 방향을 제시해 준다. 뿐만 아니라 신뢰의 공유 가치가 일터에 뿌리내릴 수 있게 하는 원동력이 된다.

아트락스베엑스의 최고경영자는 아무리 탁월한 성과를 창출했다고 하더라도 달성 과정에서 구성원들의 마음을 얻지 못하면 실패한 성과라고 강조한다. 그는 리더가 어떻게 하면 구성원들의 마음을 얻을 수 있는지 항상 고민해야 한다고 말한다.

둘째 | GWP 조직문화 구축을 위한 전략 수립

GWP 조직문화 변화 과정은 현재 문화 상태를 제대로 인식하는 데에서 출발한다. 현재 문화 상태는 기업이 추구하는 중·장기 문화 비전에 비추어 진단과 평가가 이루어져야 한다. 많은 기업의 사업 비전은 글로벌 수준을 지향한다. 그런데 비전 달성에 절대적인 영향을 미치는 조직문화의 진단 범주와 방법이 지엽적인 수준에 머

문다면, 글로벌 스탠다드의 조직문화 구축을 위한 전략을 수립하기 어렵다. 조직문화 담당자는 자사의 일터 문화가 신뢰를 바탕으로 한 일하기 좋은 일터인지 그 수준을 정량적이고 객관적인 기준에 근거하여 평가할 필요가 있다. 우선 훌륭한 기업의 신뢰경영지수를 비교 · 분석하면서 자사의 GWP 비전을 설정하고 구체적인 목표를 세워야 한다. 그래야만 변화 전략의 청사진을 제대로 만들 수 있다.

그런데 조직문화 담당자들은 GWP 조직문화의 현주소를 진단할 때 가끔 모순에 빠진다. 이들은 GWP의 핵심을 깊이 이해하지 못한 상태에서 타 기업의 활동만을 끌어다 추진하거나 경비를 절감한다는 명목으로 여러 기업의 조직문화 진단 내용 중 핵심만을 골라 자사의 문화를 진단하는 데 변용하여 사용하는 경우가 있다. 조직문화를 진단하기 전에 신뢰가 자사의 발전에 어떤 영향을 미치는지, 조직 내 신뢰 구축의 구체적인 행동은 어떤 형태로 표출되는지를 명료화할 필요가 있다.

GWP 조직문화는 경영진의 시각이 아니라 구성원의 입장에서 보는 일터의 혁신이다. 그래서 GWP는 리더와 구성원 간의 관계 수준을 개선하는 활동을 통해서 만들어진다. 경영진이나 리더가 자신의 조직이 훌륭한 곳이라 홍보를 하여도 구성원들이 일하기 좋은 직장이 아니라고 생각한다면, 그곳은 결코 훌륭한 일터가 아니다. 신뢰를 바탕으로 하는 GWP 활동은 다수 구성원이 신뢰하는 조직, 즉 새로운 경영 패러다임이다. 따라서 GWP 조직문화 진단과 전략 수립은 관리 중심의 경영 패러다임을 거꾸로 뒤집은 상태에서 만들어

저야 한다. 그래야만 신뢰경영의 진정한 GWP를 구현할 수 있다.

진단 결과를 토대로 GWP 구현을 위한 조직문화 전략을 수립할 때 제일 먼저 해야 할 일은 바로 자사만이 추구하는 고유의 GWP 비전 또는 개념을 정립하는 것이다. 하이원이 추구하는 GWP의 핵심은 '감동이 묻어나는 즐거운 일터'이며, 아트라스비엑스의 GWP 핵심은 '정직을 바탕으로 한 멋과 재미가 넘치는 일터'이다. 한미파슨스의 GWP 핵심은 '직장인의 천국을 구현하는 것'이며, 삼성생명의 GWP 핵심은 '자율과 창의'이다. 또한 한라공조의 GWP 핵심은 '미래가 있어 오늘이 즐거운 일터'이며 현대위아가 추구하는 GWP의 핵심은 '사람을 움직이는 세상'이다.

이러한 문화 비전을 달성하는 데 기초가 되는 GWP 모델이 바로 신뢰와 자부심 그리고 함께 일하는 재미이다. 이처럼 GWP 조직문화 구축을 위한 변화 추진 전략은 기업 고유의 GWP 개념과 경영철학을 바탕으로 구체적인 목표와 액션을 수립해야 한다.

셋째 | 서번트 리더십 패러다임 전환

GWP 구현을 위한 변화 전략에서 가장 중요한 활동은 리더의 서번트 리더십으로 패러다임을 전환하기 위한 리더십 변혁 활동이다. 리더십 변화는 GWP 실행의 출발점이기도 하지만 GWP 구현의 성공에 가장 큰 영향을 미치는 활동이다.

GWP 조직의 리더십 혁신 전략은 서번트 리더십 철학에 근거하여 수립해야만 한다. 서번트 리더는 구성원들이 조직의 목표 달성을 위해 업무를 수행할 때 더욱 쉽고 재미있게 일할 수 있도록 장애가 되는 요인들을 찾아 제거해 준다. 서번트 리더십의 핵심 가치는 부하들의 신뢰에 있기 때문에 이러한 리더십의 실천은 GWP 조직문화 구현의 뿌리가 된다.

GWP 구현을 위한 서번트 리더십의 변혁 활동은 다음과 같은 서번트 리더상에 근거하여 리더십 변혁 활동을 추진한다.

· 구성원의 성장과 업무에서의 성공을 돕는 겸손한 리더
· 구성원들에게 원대한 꿈과 비전을 심어 주는 가운데 조직의 목표를 달성하는 리더
· 구성원들로부터의 신뢰를 리더십의 가장 중요한 자산이라 생각하고 원칙을 지키며 일관성 있게 행동하는 리더
· 탁월한 성과 창출을 위해 업무 추진 과정에서 장애가 되는 요인들을 제거해 주는 미션을 명확히 알고 실천하는 리더
· 구성원들의 공동체의식을 강화해 팀 내 혹은 부서 간의 이기주의를 퇴출시키고 구성원들에게 일에 대한 자긍심과 조직에 대한 자부심을 심어 주는 리더

GWP 조직문화 구현은 구성원들이 더욱 자율적이고 창의적이며, 도전의식을 가지고 업무를 수행할 수 있는 일터를 만들어 가는 과정이다. 실제로 조직에서 리더십의 패러다임이 바뀌면 GWP 구현

은 쉽게 이루어진다. GWP를 구현하는 '일하기 가장 훌륭한 100대 기업'은 구성원들의 성공과 성장을 돕는 서번트 리더십을 명문화할 뿐만 아니라 습관적으로 실천하고 있다.

실제로 '일하기 훌륭한 포춘 100대 기업'의 1/3 이상이 서번트 리더십을 리더십 철학으로 명문화하고 있으며, 80퍼센트 이상이 서번트 리더십을 생활화하고 있다. 이 기업들은 리더의 권위는 자신이 가지고 있는 직위의 높낮이에 따라 달라지는 것이 아니라, 구성원들로부터 신뢰받는 리더십 행위를 하는 가운데 얻어진다고 믿는다. 리더가 직위에서 오는 권력을 사용하여 지시-통제 중심의 전통적인 리더십을 고집할 때, 리더와 구성원 간의 보이지 않는 벽이 높아져 경직되고 무거운 조직문화가 누적된다. 그에 따라 구성원들은 직위에서 오는 리더의 힘에 눌려 원하지 않는 일을 억지로 하는 수동적인 사람으로 변한다.

그러나 구성원들의 신뢰를 바탕으로 하는 서번트 리더는 지원-코칭 중심의 리더십 행위를 구성원들에게 보여 준다. 그들은 구성원들이 일을 잘할 수 있도록 장애요인을 제거해 주며 돕는 것이 관리자가 존재하는 이유라고 생각한다. 구성원들은 이러한 리더를 기꺼이 따르며 함께하기를 열망한다.

그런데 리더십의 패러다임을 전환하는 것은 생각처럼 쉽지 않다. 오랜 조직생활의 경험과 자신이 맡은 분야의 전문 지식을 바탕으로 구성원들을 이끌어 나가는 리더가 열린 생각으로 구성원을 대하기는 어렵다. 서번트 리더십은 교육을 통해 습득할 수 있는 것이 아니

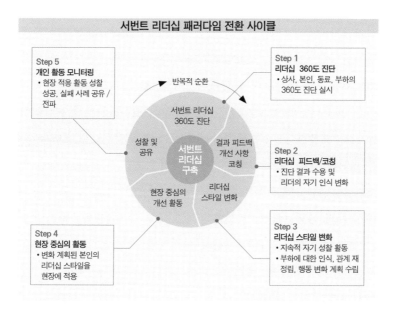

서번트 리더십 패러다임 전환 사이클

Step 5
개인 활동 모니터링
• 현장 적용 활동 성찰
  성공, 실패 사례 공유 /
  전파

반복적 순환

서번트 리더십
360도 진단

성찰 및
공유

서번트
리더십
구축

결과 피드백
개선 사항
코칭

현장 중심의
개선 활동

리더십
스타일 변화

Step 1
리더십 360도 진단
• 상사, 본인, 동료, 부하의
  360도 진단 실시

Step 2
리더십 피드백/코칭
• 진단 결과 수용 및
  리더의 자기 인식 변화

Step 3
리더십 스타일 변화
• 지속적 자기 성찰 활동
• 부하에 대한 인식, 관계 재
  정립, 행동 변화 계획 수립

Step 4
현장 중심의 활동
• 변화 계획된 본인의
  리더십 스타일을
  현장에 적용

기 때문에 조직생활에서 습관화된 리더의 특성을 쉽게 바꿀 수 없다. 리더십 변화는 리더 자신의 성찰과 끊임없는 자기 수련 과정을 통해서 점진적으로 이루어진다.

조직이 리더의 변화를 도울 수 있는 방법은 서번트 리더십 행위의 기준과 자신의 리더십을 제대로 볼 수 있는 거울을 제공하는 것이다. 그래서 GWP 활동에서 서번트 리더십으로의 패러다임 전환은 서번트 리더십 360도 진단과 피드백에서 출발한다. 리더는 이러한 서번트 리더십 원칙에 근거하여 자신의 리더십 개선 목표와 활동을 구체적으로 설계하여 적용한다.

리더십 혁신 활동은 매 3~4개월마다 모니터링되며 개선 목표를 업그레이드시켜 나간다. 리더십 변혁 활동 기간은 기업에 따라 다르지만, 최소 1년에서 3년까지 지속적이고 반복적으로 모니터링과 피드백을 제공함으로써 습관화된 리더십을 바꾸어 나간다. 이 기간 동안 리더의 변혁 활동은 조직 내에서 소책자로 제작하여 리더들 간에 공유한다. 이때 리더십 변혁 활동은 실명으로 기재한다. 이는 리더 스스로 자신의 변화 활동에 책임을 지는 모습을 보여 줄 것이라 기대하기 때문이다. 또한 소책자는 리더들의 활동 중에서 리더십 개선 목표는 같지만 방법이 서로 다를 수 있기 때문에 리더들이 추진 방법을 서로 벤치마킹하는 데 도움이 된다. 구체적인 서번트 리더십 개선 활동을 담은 소책자는 최고경영자가 임원의 리더십 행위를 모니터링하며, 임원이 팀장의 리더십 행위를 코칭하는 도구로 활용되기도 한다.

서번트 리더십을 조직의 리더십 철학으로 빠르게 정착시키기 위해 최고경영자와 임원은 정기적으로 우수한 서번트 리더 또는 눈에 띄게 변화의 노력을 보이는 리더들을 격려하고 포상함으로써 서번트 리더십 행위를 공식화시켜 나간다. 또한 우수 리더 퍼레이드와 사례 공유 및 다양한 소규모의 세미나 등을 통해 서번트 리더십 실천을 위한 지식과 지혜를 공유한다.

넷째 | **구성원의 GWP 의식 혁신**

성공적인 GWP 조직문화를 구축하기 위해서는 리더의 변혁 활동이 진행되는 시점에서 구성원들의 의식 혁신 활동을 추진해야 한다. GWP는 조직 내 신뢰를 구축하는 데 정도의 차이는 있지만 리더와 구성원 모두에게 책임이 있다. 리더가 자기 변화를 추진하는데 구성원들이 비협조적이고 냉소적이라면 또한 자기중심적인 잣대로 GWP 활동을 인지한다면 리더십 변혁 활동은 성공하기 어렵다. 실제로 구성원들의 습관화된 냉소주의, 무관심, 패배 의식 그리고 수동적인 태도는 전통적인 리더십 못지않게 GWP 구축의 걸림돌이 되고 있다. GWP 구현을 위한 경영진과 상사의 노력에도 불구하고 문화가 정착하지 못하는 것은 구성원들의 이기적인 생각과 행동이 바뀌지 않기 때문이기도 하다.

신뢰 구축은 일방적일 수 없다. 리더가 먼저 구성원들의 신뢰를 얻기 위해 노력해야 하지만 구성원들 또한 조직의 신뢰를 얻기 위해 노력해야 한다. 그래서 GWP를 구현하는 기업들은 파트너십 (Partnership)을 강조한다. 구성원들에게 멤버 또는 파트너라는 명칭을 사용하는 기업이 늘고 있다. 동등한 입장이라는 것은 함께 나누는 권한만큼이나 함께 짊어져야 하는 책임도 크다.

그런데 구성원들이 GWP에 대해 오해하는 것이 있다. 구성원들은 조직이 자신들을 위해 무언가를 해주어야 한다고 생각하면서도 자신들이 조직을 위해 무엇을 해야 하는지에 대해서는 깊이 고민하지 않는다. 구성원들은 조직이 제공하는 정신적·물질적 보상이나 혜택을 감사하게 받아들이는 데 인색하다. 또한 조직에서 일어나는 크고 작은 활동에 소극적인 자세를 보인다. GWP를 구현하기 위해서는 구성원들이 조직이 추진하는 작은 활동 하나에도 감사할 줄 알아야 한다. 상사에게는 고마움을, 동료에게는 존중과 배려를, 후배 사원들에게는 관심과 보살핌을 실천할 수 있도록 의식을 전환시켜야 한다.

구성원들의 GWP 의식 전환 활동은 팀 단위로 진행하는 것이 바람직하다. 팀장과 팀원이 함께 모여 상하 간의 갈등과 오해를 최소화시키며, 팀의 GWP 구축을 위한 활동을 설계한다. 팀 단위의 GWP 활동은 팀의 신뢰지수에 따라, GWP 범주의 수준에 따라 활동의 선정 분야와 범위가 달라진다. 팀 단위 GWP 활동은 각 팀이 각양각색의 개성 있는 활동으로 전개하기 때문에 조직을 역동적으로 만든다. 또한 팀별 우수 사례 공유 과정을 거치면서 팀 간에 GWP 활동의 벤치마킹이 이루어진다.

팀별 GWP 활동의 공정한 평가를 위해서는 평가의 기준과 방법이 공개적이고 명확해야 한다. 팀 구성원들의 참여율, 팀 활동의 창의성, 팀의 노력, 활동의 횟수뿐 아니라 GWP 활동이 팀의 성과창출에 어떤 기여를 하는지도 평가되어야 한다. GWP의 궁극적인 목적은 팀의 고성과 창출에 있기 때문이다.

다만 성과 창출의 방법이 다르다. 즉, 기존의 상의하달식의 일방적이고 할당 기준의 충족을 위해 구성원들이 억지로 움직이는 것이 아니라 함께 일하는 것이 재미있고 즐겁기 때문에 구성원들의 자발적인 몰입과 열정이 피어난다.

구성원들이 선정하고 계획하며 실천하면서 그들 스스로 평가하는 'GWP 팀 신화 창조' 과정은 그들의 수동적이며 자기중심적인 사고를 능동적으로 바꾼다. 또한 실천 과정에서 구성원들은 자기 일과 팀에 대해 점진적으로 주인의식을 갖게 되며 열정적으로 변한다. 구성원들의 GWP 의식 전환 활동은 리더의 서번트 리더십 실천과 맞물리면서 조직문화 혁신 활동에 시너지 효과를 가져온다.

팀별 GWP 활동은 매 3~4개월마다 정기적으로 결과를 점검하고, 활동 과정을 성찰하는 업그레이드 과정을 반복한다. 팀별 GWP 활동의 업그레이드는 구성원들의 공유 가치를 심화시키는 과정으로도 활용된다. 이 과정에서 구성원들은 자신들의 GWP 활동을 홍보하고 기록을 공유함으로써 업그레이드된 GWP 목표와 활동 계획을 수립한다. 이때 조직은 팀별 GWP 활동 성공 사례를 발굴하고 포상과 다양한 축하 활동을 통해 팀 간의 GWP 문화 구축을 위한 선의의 경쟁이 일어날 수 있도록 동기를 부여한다. 조직의 GWP 활동에 대한 인정과 포상은 구성원들의 GWP 활동이 업무와 별개로 진행하는 것이 아니라는 점을 리더와 구성원들에게 인식시킬 수 있는 좋은 방법이다.

GWP 활동 초기에는 팀의 GWP 활동 범주를 업무 중심으로 제한하지 않는 것이 바람직하다. 구성원들이 GWP 활동을 짐이라고 생각한다면 이는 성공할 확률이 떨어진다. 조직은 구성원들이 GWP 활동이 재미있고, 침체된 조직에 활력을 불어넣는 것이라는

구성원의 GWP 의식 전환 사이클

Step 5
GWP 페스티벌
• 활동 성공 사례 공유
• 포상 및 우수 활동 홍보
• 전사 GWP 활동
  업그레이드

반복적 순환

GWP 팀
신화 창조
워크숍

Step 1
GWP 팀 신화 창조
• 팀장 - 팀원 갈등 극복
• 팀 신뢰지수 분석

GWP
페스티벌

구성원
GWP
의식전환

팀 GWP
활동 설계

Step 2
팀 GWP 활동 설계
• 활동 영역, 활동 범위, 액션
• 평가 방법, 파트너 선정

GWP 팀
신화창조
업그레이드

팀 GWP 활동

Step 4
**GWP팀 신화 창조
업그레이드**
• 단기 성과 공유 및 인정
• 정기적 활동 성찰 및
  결과 점검
• GWP 활동 업그레이드

Step 3
팀 GWP 활동
• 지속적, 반복적 활동 추진
• 기록 및 홍보 : 자부심 고취

느낌을 가질 수 있도록 그들이 계획하고 추진하는 활동을 지원해 주어야 한다. 이러한 활동이 지속적으로 이루어져 6개월 정도의 시간이 지나면 업그레이드 과정을 통해 업무 추진 과정에서 상하 간, 동료 간의 신뢰를 높일 수 있는 GWP 활동으로 전환시키는 것이 바람직하다.

조직 차원의 신뢰 범주 중에서 취약하게 나타나는 범주를 테마로 정해 각 팀의 GWP 활동을 집약시키는 것도 업그레이드 과정에서 추진할 수 있다. S금융사의 경우, 영업 지점에서 지적되는 '상대방에 대한 존중과 배려'를 한 해의 신뢰지수 향상 테마로 정한 다음, GWP 팀 활동뿐 아니라 전사 이벤트, 홍보 등 모든 GWP 관련 혁신 활동을 '존중과 배려'라는 테마와 연결시키는 전략을 사용하기도 했다.

　구성원들의 GWP 의식 혁신 활동의 성공적인 추진을 위해 두 종류의 GWP 전도사가 필요하다. 각 팀은 GWP 파트너 또는 서포터를 선정하여 팀 GWP를 활성화시키고, 크고 작은 활동의 결과를 조직문화 담당자와 공유하는 중개자 역할을 하도록 한다. 또한 전사 차원의 이벤트나 활동을 팀 활동과 연계시켜 추진하며, 팀의 활동을 전사적으로 홍보하는 역할도 수행한다. 한편 조직 내 GWP 컨설턴트를 선정하여 GWP 활동의 전도사로 육성할 필요도 있다. 사내 GWP 컨설턴트는 자신이 속한 팀을 제외한 3~4개의 팀을 맡아 구성원들의 GWP 의식 혁신을 위한 GWP 팀 신화 창조를 진행하며, 팀들의 활동 과정을 모니터링하고 관리하는 역할을 수행한다.

　또한 각 팀의 GWP 파트너와 함께 팀의 GWP 활동이 잘 진행될 수 있도록 지원할 뿐 아니라, 필요할 때에는 조직이 추구하는 GWP 경영 비전과 철학 그리고 개념을 전파하는 역할도 담당한다. 이들은 자신이 맡은 팀의 GWP 활동 결과를 정리하여 전사 공유 채널에 홍보하는 방식으로 우수 GWP 팀을 배출시킨다. 그리고 조직은 우수 GWP 팀을 탄생시킨 사내 GWP 컨설턴트들의 성과를 인정해 줌으로써 자부심을 갖게 만든다. GWP 팀 활동은 다양한 전략과 실행 방법을 구사할 수 있지만 조직이 추구하는 문화 비전의 청사진과 일치시키는 과정을 반복해야만 성공할 수 있다.

다섯째 | 전사 GWP 공감대 구축

GWP를 성공적으로 정착시키기 위해서는 조직 구성원들의 공감을 이끌어 내면서 GWP에 대한 인식을 확산시킬 수 있는 전략이 필요하다. 구성원들은 왜 GWP를 해야 하는지, 그것을 하면 구성원들에게 어떤 이로운 점이 있는지, 어떻게 참여해야 하는지 등에 대한 설명을 원한다.

GWP 조직문화 구축을 위한 중·장기적인 전략뿐 아니라 실행 과정과 결과를 공유하는 범위가 클수록 구성원들의 GWP에 대한 공감대는 확산된다. 구성원들은 GWP에 대한 정보를 더 많이 접할수록 GWP 활동에 더 적극적으로 참여하며 긍정적으로 받아들인다.

훌륭한 일터를 구현하는 기업들은 구성원들에게 GWP를 이해시키고, 협력을 이끌어 내기 위해 다양한 커뮤니케이션 방법을 사용한다. GWP 개념을 만화 형태의 책자나 동영상, 애니메이션 또는 게임 형태로 만들어 구성원들에게 제공한다. 또한 전사적인 이벤트를 통해 GWP를 알리기도 하고, 포스터나 공모전을 활용하여 구성원들의 GWP에 대한 공감대를 확산시키기도 한다.

많은 기업이 구성원들을 존중하고 배려하며, 그들의 신뢰를 높이기 위한 다양한 활동을 진행하고 있다. 임직원 칭찬 릴레이, 무한 도전을 통한 자부심 함양, 봉사활동, 동호회 활동, 금요 비어 타임(Friday Bear Time), 가정의 날, 개인 역량 강화의 날, 최고경영자 도시락 간담회, 체육대회, 마일리지 혜택, 상사-부하의 날 등을 시행하고 있다. 그럼에도 불구하고 구성원들은 그러한 활동들이 일하기 좋은 직장을 만들기 위한 회사의 노력이라는 점을 인식하지 못하고 조직이 제공하는 다양한 행사 중의 일부로 생각한다. 때로는 그런 행사가 개인의 시간을 빼앗는 불편한 활동이라고 외면하기도 한다.

조직문화 담당자는 기존에 진행해 오던 다양한 활동을 GWP와 연계시켜 구성원들에게 조직이 제공하는 활동이나 행사의 의미를 재해석해 줄 필요가 있다. 또한 구성원들에게 긍정적인 반응을 얻고 있는 활동을 강화시키고, 투자 대비 효과가 크지 않다고 판단되는 활동은 정리하면서 GWP 구축을 위한 조직 차원의 활동으로 재정립해야 한다.

SB사의 경우, 초기에는 GWP에 대한 구성원들과의 공감이 형성되지 않은 상황에서 GWP 구축을 위한 여러 가지 회사의 노력이 이루어졌다. 회사는 업무 환경을 개선하기 위해 회사 주변을 아름답게 가꾸고 구성원들을 위한 헬스센터를 갖추었다. 또한 GWP 조직문화 시상제도를 만들어 구성원들에게 GWP 활동에 대한 동기를 부여하고자 노력하였다. 그런데 이러한 회사의 노력을 바라보는 구성원들의 반응은 냉소적이었다. 회사가 쓸데없는 곳에 돈을 낭비한다는 인식이 강했다.

SB사의 조직문화 추진팀은 이 상황을 극복하기 위해 회사의 모든 활동과 제도, 시스템의 변화를 GWP 철학과 연결시켜 구성원들을 교육시켰다. '구성원들이 일하기 훌륭한 일터'를 만들기 위해 회사를 녹색환경으로 가꾸었고, 구성원들의 건강을 위해 헬스센터를 갖추는 노력을 했을 뿐 아니라 회사의 인사 시스템을 재정비하였음을 구성원들과 반복적으로 커뮤니케이션하였다. 이러한 노력은 구성원들의 GWP 참여율을 높이는 데 기여하였다.

구성원들은 GWP 활동의 주체이다. 조직은 구성원들과 GWP에 관한 모든 정보를 공유할 의무가 있다. 따라서 조직문화 담당자는 GWP의 현상을 진단한 후, 그 결과에 대한 진솔한 피드백과 설명 그리고 회사가 GWP 구축을 위해 추진하는 중·장기 전략을 구성원들과 공유해야 한다.

진단 결과와 향후 방향에 대한 공유 과정은 구성원들의 GWP에 대한 기대감을 고조시킨다. 또한 구성원들의 역할을 명확히 이해시킨다. 회사는 구성원들이 GWP 활동의 성공을 좌우하는 열쇠를 쥐고 있다는 점을 지속적으로 인지시켜 나갈 필요가 있다. 전사적으로 진행되는 GWP 행사는 구성원들의 아이디어와 제안이 적극적으로 반영될 수 있도록 하여 그들의 참여의식을 고취시킬 수 있다. 영화 패러디나 임직원들의 이미지를 사용하여 GWP 포스터를 재미있게 제작하면 구성원들의 흥미를 불러일으킬 수 있다. 사내 인트라넷에 'GWP 마당'을 만들어 최고경영자의 GWP 철학 미니 특강이나 질의-응답이 이루어질 수 있도록 하면 임직원 간의 GWP 공감대를 확산시킬 수 있다. 팀에서 추진하는 GWP 활동의 성공 사례가 조직 전체에 공유될 수 있도록 GWP 지식 마당을 운영하는 것도 공감대 확산의 좋은 방법이 될 수 있다.

구성원들과의 정보 공유와 커뮤니케이션이 쉬지 않고 이루어질

수록 GWP 활동은 탄력을 받으며, 일터에 긍정적인 에너지를 불어넣는다. 조직 구성원들이 하나라는 느낌을 갖는다는 것은 서로를 이해하고 인정하는 폭이 넓다는 의미이다. 공감대 확산은 구성원들이 하나라는 느낌을 갖게 해준다.

GWP 추진 프로세스

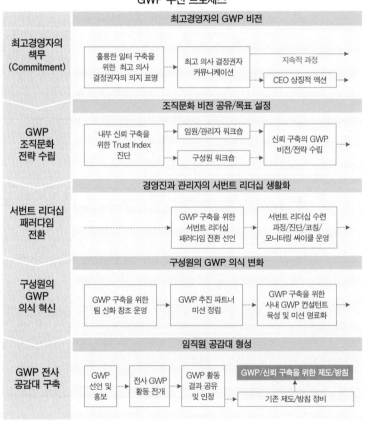

GWP의 성공을 위한 미션

첫째 | GWP 활동에 대한 최고경영자의 미션

GWP 활동을 위한 최고경영자의 미션(mission)은 조직문화의 변화 작업에 대한 최고경영자의 철학과 의지를 구성원들과 지속적으로 커뮤니케이션하는 것이다. 최고경영자는 상징적인 액션(Symbolic Action)을 통해 자신의 의지를 리더십 행동으로 표출한다. 최고경영자는 이 두 가지 미션을 수행함으로써 구성원들에게 GWP에 대한 비전과 방침 그리고 의지를 가지고 있다는 이미지를 심어준다.

최고경영자의 지속적이며 일관성 있는 커뮤니케이션은 임직원들의 변화를 가속화하는 촉진제가 된다. 최고경영자는 회의나 월간

조례사, 간담회 또는 현장 방문을 통해 GWP에 대한 비전과 방향을 일관성 있게 전달한다. 또한 동영상 시리즈, 사내 방송, 구성원에게 보내는 글, 뉴스레터 등 구성원들과의 간접적인 만남을 통해 GWP를 지원하는 자신의 의지를 나타낸다. 최고경영자와 구성원들 간의 잦은 직간접적인 커뮤니케이션은 GWP에 대한 구성원들의 오해를 불식시키며 구성원들의 참여를 촉진한다. 또한 구성원들에게는 '너무나 먼 당신'이었던 최고경영자와의 심리적 거리감을 줄여줌으로써 편안한 상대로 다가갈 수 있다는 느낌을 갖게 한다.

구성원들이 최고경영자를 편안한 상대라고 느낄 때 관계의 질은 점점 높아진다. 구성원들은 자신이 마음만 먹으면 최고경영자 앞에서 의견을 진솔하게 말할 수 있고, 회사의 변화 사항을 수시로 공유할 수 있다고 느낄 때 경영진을 신뢰한다. 최고경영자와 구성원 간의 심리적인 거리감과 벽이 적을수록 조직의 정책이나 방침이 일터로 빠르게 스며든다. 그리고 자연스럽게 신뢰감이 축적된다. 따라서 최고경영자와 구성원 간의 직간접적인 커뮤니케이션은 GWP 활동을 가속화시킬 뿐만 아니라 리더의 변혁 활동을 촉진하는 원동력이 된다.

GWP 활동에 대한 최고경영자의 상징적인 액션은 조직 내·외적으로 기업의 위상을 강화시킨다. 훌륭한 일터를 만들기 위해 노력하는 최고경영자의 감동적인 리더십 행동을 정례화함으로써 리더들이 자신의 우월적인 생각과 태도, 리더십 행동을 바꾸도록 요구한다. 최고경영자의 상징적인 GWP 액션은 특성에 맞게 다양한 방법으로 표출될 수 있다. 하지만 이러한 행동은 조직의 변화와 상관없이 지속적이고 일관성 있게 행해져야만 구성원들의 믿음을 얻을 수 있다.

상징적인 액션은 구성원들에게 부담을 주지 않아야 한다. 거창한 활동이 아니라 쉽고 유치하다 싶을 만큼 작은 행동들이 반복적으로 나타날 때 구성원들은 감동을 받는다. 구성원들의 마음을 움직이는 최고경영자의 상징적인 액션이 그들의 마음에 열정의 불을 지피며 헌신적인 행동을 이끌어 낸다.

최고경영자의 상징적인 액션의 예는 다음과 같다.

■ 서프라이즈 현장 방문(Surprise Visit)

비정기적으로 날짜를 바꾸어 가면서 특정 부서나 생산 현장 또는 영업 현장을 방문하여 구성원들을 격려하고 감사를 표시한다. 이때 최고경영자는 자신이 현장을 방문한 목적에 충실해야 한다. 느닷없이 현장이 깔끔하지 못하다고 지적하거나 자신이 생각하는 것과 다르다고 면박을 주는 행위는 구성원들과 심리적 거리감을 더 멀게 만드는 역효과를 낳는다.

최고경영자의 지적은 빠르게 조직 내에 퍼져 윗사람이 방문하는 날이면 부서나 현장이 긴장감이 돌게 만들며 GWP를 저해하는 요소로 작용한다. 방문의 목적에 충실하라. 지적을 하는 것은 조금 미루어도 조직의 성과에 큰 영향을 미치지 않는다.

■ GWP 라운드테이블 미팅(GWP Round Table Meeting)

최고경영자는 적은 인원의 구성원과 대면 만남을 통해 자신의 의지
와 생각을 전달할 수 있다. 또한 구성원들의 의견과 조직의 발전 방
향에 대한 그들의 제안을 겸허하게 수용하는 과정을 통해 공감대를
형성해 나간다. 이 활동은 많은 기업에서 진행하고 있다. 이러한 미
팅 결과는 사내 공지란을 통해 구성원 전체와 공유하는 것이 바람
직하다.

■ 수험생 가족에게 보내는 격려의 메시지

최고경영자가 구성원의 가족을 조직의 일원처럼 아끼는 마음은 구
성원들을 챙기는 것보다 몇 배의 효과가 있다. 대학입시를 앞둔 자
녀를 둔 가족이 수능시험 전날, 최고경영자로부터 격려의 메시지와
찹쌀떡을 받는다고 상상해 보라. 최고경영자의 이러한 상징적인 액
션은 구성원 개개인에 대한 관심과 배려 없이는 불가능하다. 자신
의 마음을 직접적으로 전달하는 것은 생일이나 결혼기념일 등에 조
직에서 형식적으로 보내 주는 케이크나 꽃 배달과는 차원이 다른
감동을 전해 준다.

■ 100번의 감사와 칭찬

최고경영자나 임원들은 구성원들을 칭찬해 주고 싶어도 습관화되
지 않아 어색하다는 말을 자주 한다. 감사와 칭찬을 반드시 입으로
만 해야 하는가? 리더와 구성원들은 최고경영자의 친필을 통해서

도 감동을 받는다. 최고경영자의 마음이 담긴 몇 마디가 그들에게 힘을 준다. 한 달에 100장의 카드만 사용하라. 업무를 보고 받을 때, 우수한 활동이나 영업실적을 보고 받을 때 등 작은 것을 칭찬하거나 감사를 표시할 때 카드를 사용하여 마음을 전달해 보라. 한 달에 100장의 카드를 작성하려면 리더와 구성원들의 작은 행동에도 관심을 가져야 한다. 최고경영자의 이런 상징적인 액션은 조직 내에 칭찬이 홍수처럼 넘치게 만들어 활력이 넘치는 일터의 모습을 창출한다. 만약 실천한 지 얼마되지 않아 카드 쓰기를 포기할 것이라면 시작을 하지 않는 것이 낫다. 오래 고민을 해보아도 카드에 적을 말이 생각나지 않는다면 한 편의 시, 한마디의 명언, 자신의 삶에서 느낀 점을 쓰는 것도 좋은 방법이다.

■ 우수 서번트 리더와의 만찬

GWP 구현을 위해 훌륭한 서번트 리더십을 발휘하고 있거나 자신의 리더십을 개선하기 위해 노력하는 리더들을 격려하는 자리를 마련하는 것은 조직이 어떤 리더십을 요구하는지를 알리는 계기가 된다. 우수 서번트 리더들과 함께하는 만찬은 그들이 최고로 대접받고 있다는 느낌이 들게 해야 한다. 우수 서번트 리더는 부하들로부터 높은 신뢰를 받으면서도 성과를 내는 리더들을 선정한다. 이러한 선정 기준은 GWP가 구성원들의 신뢰를 바탕으로 고성과를 창출해 나가는 일터라는 점을 리더들에게 인식시켜 준다.

둘째 | GWP 활동에 대한 임원의 미션

　본부장 또는 부문장으로서 조직의 특정 사업 영역을 총괄하는 임원은 실제로 GWP 조직문화 구축의 총 책임자와 같다. 임원이 맡은 본부 또는 부문이 GWP가 되면 조직 전체가 GWP가 되는 것과 마찬가지다. 따라서 GWP 활동에 대한 임원의 미션은 팀장 또는 부서장의 GWP 활동에 대한 강력한 후원자가 되며, 동시에 서번트 리더십 혁신의 선구자가 되는 것이다.

　임원의 GWP에 대한 강력한 지원은 팀장과 구성원들의 GWP에 대한 인식을 긍정적으로 전환시킨다. 임원은 자신의 본부 또는 사업장의 GWP 비전을 명료화하고 스스로 GWP 구현을 위한 리더십 개선 행동을 통해 솔선수범하는 모습을 보인다. 임원이 솔선수범할 수 있는 활동 중에는 본부 GWP 파트너를 격려하고 지원하는 활동이나 팀장 또는 부서장의 리더십 개선 활동을 격려하는 활동, 정기적인 GWP 본부 행사를 진행하는 활동 등이 있다.

　임원은 본부 또는 사업장의 각 팀이 추진하는 GWP 활동을 격려하고 필요한 사항을 빠르게 의사결정해 줌으로써 본부의 GWP 활성화를 지원하고 구성원들에게 격려나 감사의 메시지를 보내며, 팀별 GWP 사례 공유를 주관하여 일하기 좋은 본부를 만드는 선구자 역할을 한다. 임원이 주관하는 GWP 행사나 활동은 본부의 특성에 따라 차별화가 이루어질 수 있도록 할 필요가 있다.

셋째 | GWP 활동에 대한 팀장의 미션

　팀장은 조직에서 가장 소단위의 GWP 활동을 현장에서 추진하는 행동대장과 같다. 조직에서 GWP 활동을 다양하고 개성 있게 전개하기 위해서는 팀장의 역할이 가장 중요하다.

　구성원들은 매일 팀장과 수십 번씩 부딪치며 생활하지만 임원이나 최고경영자와 함께하는 시간은 그리 많지 않다. 따라서 구성원들의 업무와 조직에 대한 태도와 가치는 매일 마주하는 팀장의 영향을 가장 많이 받는다. 구성원들은 대체로 자신의 직속 상사와 관계의 질이 낮을 때 조직의 방침이나 제도 또는 정책을 신뢰하는 수준이 낮아진다.

　구성원들이 최고경영자나 임원과의 갈등 때문에 조직을 떠나고 싶어 하는 경우는 거의 없다. 그들은 직속 상사와의 갈등이 심할 때에 조직을 떠날 마음을 먹는다. 따라서 팀장은 조직으로부터 많은 권한을 위임받지 못하면서도 구성원들을 책임져야 하는 이중적 부담에 시달린다. 조직의 팀장이 겪는 갈등은 책임져야 하는 일들이 주어진 권한보다 더 많다는 데 있다.

　GWP 활동에서도 팀장의 역할이 구성원들에게 가장 직접적인 영향을 미친다. 팀장이 '일도 바빠 죽겠는데 무슨 GWP야?', 'GWP 활동은 시간이 날 때 해도 돼.', 'GWP는 해도 그만, 하지 않아도 그만이야.'라는 시각과 태도를 가지고 있다면, 팀의 GWP는 성공할 수 없다.

　팀장은 팀 GWP의 총 책임자이다. GWP 활동에 대한 팀장의 미션은 자기혁신을 통해 구성원들로부터 신뢰와 존경받는 '지원-코칭형'의 리더십을 실천하는 것이다. 또한 팀을 신뢰와 자부심, 재미가 넘치는 일터로 만드는 주체자가 되어야 한다. 팀장이 팀 GWP 활동에 적극적으로 참여하며 지원할 때 구성원들의 자발적인 참여와 활력이 피어난다. 이를 위해 팀장은 구성원들의 업무 추진 시 일어나는 장애요인을 제거해 주며, 임원의 도움이 필요한 사항은 즉시 보고하여 지원을 받아 내는 구성원들의 지원군 역할을 수행해야 한다. 이 밖에도 다양한 역할을 해야 한다. 팀의 GWP를 촉진하기 위해 팀장은 다음과 같은 활동을 할 수 있다.

· 구성원들의 업무가 성공할 수 있도록 코칭을 강화하며 구성원의 날을 제정하여 운영함으로써 그들의 수고를 인정하고 격려한다.
· 구성원 간의 갈등을 조정해 주며 팀 회의를 진행할 때마다 GWP의 의미와 중요성을 지속적으로 강조한다.
· 팀에 활력을 불어넣고 구성원들의 자발적인 참여를 돕기 위해 팀이 재미있게 일할 수 있도록 환경을 조성한다.
· 구성원 개개인의 고유한 특성을 파악하여 그에 맞는 배려와 성과에 대해 축하해 준다.
· 팀에 작은 성과에 대한 다양한 축하 활동을 열어 준다. 외식권, 영화관람권, 문화상품권 등을 나누어 주거나 구성원들이 서로 챙겨 줄 수 있는 이벤트 등을 통해 스스로 존재감을 느낄 수 있도록 해 준다.

이처럼 팀장이 팀원들과 GWP를 구현하는 방법은 무궁무진하다. 조직 차원에서 팀원들의 마음을 움직이게 하기 위해서는 많은 시간과 노력이 필요하다. 팀장은 자신의 태도와 행동에 따라 얼마든지 단기간 내에 팀원의 마음을 움직이게 할 수 있다. 어느 조직을 막론하고 팀장은 구성원들에게 직접적이면서도 막대한 영향을 미친다.

일상 업무에서 리더가 보여 주는 권위적이고 일방적인 업무 지시, 의사결정의 지연과 책임 회피 그리고 구성원 간의 갈등을 방관하는 리더십 행위는 구성원들의 신뢰를 잃는 가장 큰 요인이다. 따라서 팀장은 자신의 리더십 행위를 지속적으로 성찰하고 수련함으로써 서번트 리더십을 습관화시켜야 한다. 이와 더불어 일하기 좋은 팀을 만드는 데 에너지를 쏟아야 한다.

넷째 | GWP 활동에 대한 구성원의 미션

구성원은 GWP에 대한 인식과 공감을 바탕으로 재미있는 일터를 만들어 나가는 주역이다.

GWP에 대한 비전과 전략이 명확하고 구체적인 실행 계획이 잘 되어 있다고 할지라도 이를 현장에 적용해 나가야 할 구성원들이 냉소적이고 나태하며 무관심으로 일관한다면 조직문화는 바뀌지 않는다. 구성원들은 조직의 리더 못지않게 GWP 구현에 책임이 있다. 구성원들은 서로에 대한 배려와 협력을 바탕으로 팀워크를 만들어야 한다. 또한 적극적이고 능동적인 아이디어의 제안과 조직에서 실시하는 진단이나 평가에 객관적이고 공정한 잣대로 응답해 주어야 한다.

구성원들은 '나' 중심의 사고에서 '상대방' 중심의 사고로 생각을 바꾸어야 하며 동료를 배려하는 마음으로 기꺼이 업무 협력을 해줌으로써 모두 가족이라는 공동체의식을 가져야 한다. 구성원들이 추진할 수 있는 '일하기 좋은 팀 만들기'는 아름다운 팀 릴레이를 추진하여 팀 간의 고충을 해결해 줄 수 있다. 또한 선배-후배 간의 '고마워요-사랑해요' 카드 전하기, 창의적이고 다양한 팀 축하 활동을 진행함으로써 구성원들 간의 이해와 공감의 폭을 넓혀 나가는 노력이 필요하다.

GWP의 성공적인 정착을 위한 구성원들의 미션은 GWP 활동에 도움이 될 만한 다양한 아이디어를 제공하고 적극적으로 동참하는 것이다. 구성원들의 솔직하고 객관적인 평가는 조직의 리더십 변화와 GWP 구현에 좋은 데이터를 제공한다. 또한 구성원들이 리더십 변화 활동을 긍정적으로 바라보고 적극적으로 격려하며 관심을 표명할 때 리더들의 변화 활동이 가속화된다.

실제로 구성원들은 GWP 활동의 중심에서 최대의 수혜자가 된다. 하지만 스스로 움직이지 않으면 아무것도 가질 수 없다. 구성원들의 적극적이고 능동적인 활동 개진과 참여는 조직의 GWP 문화를 성공시키는 핵심 동력이다.

GWP의 성공을 저해하는 요소

GWP를 일터의 문화로 정착시키기 위해서는 리더와 구성원 모두의 인내와 노력이 필요하다. 더불어 한 번 시작한 GWP 활동이나 방침은 어떤 상황에서도 지켜 나가야 한다. 즉, 일관성을 가지고 지속적으로 추진해 나갈 때 일터의 문화로 정착시킬 수 있다. 일터의 문화를 바꾸는 데에는 시간이 걸리기 때문에 많은 기업이 도중에 하차하는 경우가 많다.

GWP 조직문화를 구현할 때 GWP 활동의 성공 요인을 발굴하는 것뿐 아니라 실패 요인을 점검하는 것도 중요하다. 조직문화 담당자는 자사에 GWP 활동을 저해하는 요소가 없는지, 만약 존재한다면 어떻게 제거해 나갈 것인지 연구할 필요가 있다. GWP 활동을 저해하거나 실패의 원인을 제공하는 상황을 분석해 보면 다음과 같은 공통점을 찾을 수 있다.

하나 │ 장기적인 전략을 바탕으로 한 GWP 커뮤니케이션 부족

제조업체인 B사는 GWP를 위한 많은 활동을 해왔다. 이러한 조직 내부의 노력은 구성원 간에 공감대가 어느 정도 형성되는 효과를 얻었다. 그러나 GWP 활동에 가장 힘을 실어 주어야 하는 최고경영자는 형식적인 모습만을 보였다. 최고경영자는 시대의 흐름에 따라 무언가 변화하는 모습을 보여 주어야겠다는 생각을 했지만 자신의 리더십과 상반되는 서번트 리더십을 수용하기 어려웠다. 관리자들을 만나면 GWP 활동과는 상반되는 이야기를 늘어놓는 최고경영자 때문에 다른 사람들도 GWP에 관심을 두지 않는 상황에 이르렀다.

GWP 변화 전략에서 가장 중요한 역할을 해야 하는 사람은 최고경영자다. 최고경영자가 GWP 비전을 구성원들과 지속적으로 커뮤니케이션하지 않으면 일터의 변화는 기대하기 어렵다. 최고경영자는 문화를 정착시킬 때까지 GWP 경영 의지를 표명하고 추진하는 팀에게 힘을 실어 주어야 한다.

둘 │ 구성원들의 공감을 얻지 못하는 형식적인 GWP 활동

GWP 구현에서 가장 중요한 활동 중의 하나는 구성원들과 공감대를 형성하는 것이다. 구성원들의 GWP에 대한 인식이 명확해질

수록 GWP에 대한 관심과 공감이 높아진다.

그런데 C사의 경우, 구성원의 공감을 얻을 생각은 하지 않고 상부 조직과 과제추진팀(Task Force Team)에서 결정한 사항만으로 구성원들을 움직이려고 하였다. 구성원들의 공감을 얻지 못한 C사는 결국, 최고경영자에게 보여 주기 위한 GWP 활동만으로 일터에 스트레스만 증가시키는 결과를 가져왔다.

셋 | 생각없이 남의 것을 모방하는 GWP 활동

GWP 문화를 추진하는 팀이 자기 회사의 여건과 구성원들의 특성은 고려하지 않고 다른 회사의 우수한 활동(Best Practice)만을 그대로 답습하는 경우가 많다. 아무리 좋은 활동이라고 할지라도 자기 회사의 문화적 특성과 시스템 그리고 구성원들의 특성에 맞게 변화시키는 노력이 필요하다.

넷 | 가시적인 성과에만 급급한 GWP 활동

K사는 새로 취임한 최고경영자에게 뭔가 보여 주기 위해 GWP 활동을 추진했다. 그러고는 몇 개월 동안 부산스럽게 GWP 활동을 펼치고 신뢰지수가 얼마나 올랐는지 조사를 하였다. 신뢰지수에는 변동이 없었다. 이에 K사는 GWP 활동을 지속적으로 진행하지 않고 또 다른 혁신 과제를 시행하기 시작하였다.

기업문화가 단시일 내에 바뀔 수 있는 것이라면 GWP가 구현되지 않은 기업이 없을 것이다. 또한 여느 혁신 활동처럼 위에서 강하게 밀어붙여서 성공할 수 있다면, 대한민국의 모든 기업에 GWP가 정착되었을 것이다. 문화의 변화를 이끌어 내는 것은 최소한 1~3년 또는 그 이상의 시간이 걸리는 어려운 작업이다.

다섯 | GWP 추진 담당자의 잦은 교체

어떤 기업은 GWP 필요성을 인식했음에도 불구하고 거기에 맞는 예산과 인원을 편성하지 않고 기존의 업무를 맡고 있는 부서에 강제적으로 GWP 활동을 넘긴다. 그러다 보니 조직문화를 담당하는 인력이 자주 바뀌어 사내에 조직문화 전문가가 양성되지 못한다. 뿐만 아니라 조직 내에 GWP 노하우가 축적되지 못해 담당자가 바뀔 때마다 처음부터 다시 시작하는 느낌이 든다. SB사가 GWP 활동을 추진하면서 7년 동안 담당자를 한 번도 바꾸지 않은 점은 GWP를 구현하려는 최고경영자들에게 많은 시사점을 던져 준다.

여섯 | GWP 변화의 청사진을 마련하지 않고 수시 결정으로 진행

조직문화 추진팀은 때때로 최고경영자의 가시적 성과의 독촉으로 GWP 구축을 위한 전체 활동의 계획이나 로드맵 없이 그때그때 활동을 만들어서 운영한다. 이런 상황이 반복될 경우 구성원들은 무언가 하기는 했는데 무엇을 했는지, 왜 했는지 이유를 알지 못한다. 결국 많은 GWP 활동을 했지만 전체적인 방향을 잡지 못하고 수박 겉핥기식의 GWP 변화를 추진한 것이다. 조직의 입장에서 보면 일터의 현상은 변하지 않고 돈은 돈대로 들인 꼴이다.

일곱 | 재미 위주의 GWP 활동으로 일관

많은 기업이 GWP 활동을 업무 시간 외에 하는 재미 활동으로 착각하고 일터 밖에서 하는 재미 활동, 즉 래프팅이나 공연, 회식, 체육대회, 동호회 활동 등만을 진행한다. 물론 이런 GWP의 재미 활동도 필요하다. 그러나 GWP는 일터를 일하기 좋은 곳으로 만들기 위한 노력이다. 따라서 GWP 활동은 업무 현장에서 업무 시간 중에 동료들 간의 관심과 배려를 바탕으로 함께 만들어 나가야 한다. 또한 업무 수행 과정에서 상사-부하 간의 관계의 질이 높아지는 활동이 중심을 이루어야 한다.

여덟 | 구성원 의견에 대한 모니터링 부재

GWP 활동을 지원하고 격려하는 주체는 리더, GWP 활동을 하는 주체는 구성원이다. 따라서 GWP를 추진할 때 구성원들이 아이디어나 생각을 모으며 활동에 대한 피드백을 받는 것이 당연하다. 또한 전체적으로 GWP 활동에 관한 모니터링도 필요하다.

아홉 | GWP 추진을 위한 리더십 부재

GWP 변화의 첫출발은 리더의 변화이다. 리더는 구성원들이 업무의 성공을 위해 노력할 때 그들의 성장을 도우며 장애가 되는 요인을 제거해 주는 서번트가 되어야 한다. 하지만 자신이 먼저 변화하는 모습을 구성원들에게 인지시켜야 함에도 불구하고 구성원들에게만 변화하라고 요구하는 리더들이 있다. 서번트 리더십의 부재는 GWP 추진에 가장 큰 장애요인이다.

열 | 성과에 대한 공유 실패

A사는 여러 가지 GWP 활동을 수행해 왔다. 사내에는 우수한 사례가 축적되었지만 A사는 다른 혁신 활동과의 형평성을 운운하며 우수 사례에 대해 적절한 보상을 지원하지 않았다. 더욱이 우수 사례를 조직 전체에 전파하지 않아 특정 부서와 사업장에서 성공적으로 추진되던 GWP를 조직문화로 정착시키는 데 실패하였다.

열하나 | 갈등 관리의 부재

GWP 활동을 추진하는 과정에서 부서 간 또는 구성원들과의 갈등이 발생할 수 있다. 조직은 다양한 생각과 가치를 가진 사람들의 집합체이다. GWP 활동의 공감대가 중요한 것은 다양한 생각을 가진 구성원들이 공통의 가치와 생각을 갖게 해주기 때문이다. K사가 GWP 활동을 정착시키는 데 실패한 이유는 구성원들의 다양성을 인정하고 그들의 생각을 존중하는 과정을 거치지 않은 채 불도저식으로 밀어붙였기 때문이다. 따라서 구성원들은 회사가 일방적으로 추진하고자 하는 GWP에 대해 끊임없이 의문을 제기한다.

열둘 | 객관적인 평가와 기준 부재

GWP의 성공적인 정착을 위해서는 GWP 핵심 가치를 구현하는지에 대한 객관적이고 공정한 평가가 필요하다. 이 평가는 GWP

변화 전략을 수립하고 추진하는 활동들이 GWP를 구현하는 데 적합한지를 점검하는 중요한 도구다. S사는 오랫동안 다양한 GWP 활동을 추진했다. 그런데 정작 구성원들이 어떤 생각을 가지고 있는지에 대한 객관적인 평가가 이루어지지 않았다. S사는 2년이 넘는 기간 동안 여러 가지 활동을 했음에도 어떤 것이 어떻게 변화했는지 막연한 추측만을 통해 잘하고 있다고 자체적으로 평가하였다. 그러나 명확하지 않은 평가 기준으로 인해 S사는 도달해야 할 목적지를 정하지 못하고 갈팡질팡하는 모습을 보였다.

열셋 | GWP에 대한 이해 부족

GWP의 개념과 기본 철학을 이해하지 못하는 경우 '신뢰'를 추상적으로 생각하게 된다. GWP의 핵심인 신뢰는 구체적인 행동의 결과이다. 뿐만 아니라 GWP를 제대로 이해하지 못하면 비용만 지출하는 결과를 낳을 수 있다. 조직 내 신뢰 관계는 돈으로 해결할 수 없다. 그런데 GWP 담당자조차 GWP의 개념을 명확히 이해하지 못하고 있어 타 기업의 활동 사례를 무조건 모방할 때가 많다.

열넷 | 신뢰경영지수 결과만 높이려는 경우

GWP의 궁극적 목적은 신뢰경영지수를 높이는 정량적 목표 달성이 아니다. 신뢰경영지수는 GWP 활동의 수준을 점검하는 조사 도구일 뿐이다. 그럼에도 불구하고 S사는 신뢰경영지수가 나오면 지수가 낮은 부서의 팀장을 질책하고 '줄서기'를 시켜 부서 간의 경쟁을 부추겼다. 그리고 중요한 GWP 활동은 뒤로한 채 점수를 높이기 위해 구성원들을 몰아붙임으로써 신뢰경영지수를 왜곡시켰다. 왜곡된 지수에 의해 활동을 설계하고 추진하는 경우 진정한 GWP 구축이 가능할까?

열다섯 | 원칙과 일관성이 없는 경우

GWP를 구현하는 지름길은 핵심적인 활동 두 가지 정도를 지속적으로 반복하는 것이다. 기업이 추구하는 GWP의 비전과 철학을 바탕으로 실행 원칙을 정한 다음에 일관성을 가지고 지속적인 활동을 해야만 성공할 수 있다. 그런데 많은 기업이 그때그때 GWP 활동을 만들어 임기응변식으로 추진한다. 이러한 이벤트는 투자하는 비용에 비해 효과가 미미하다.

이 밖에도 GWP의 성공을 저해하는 요소는 많다. 하지만 GWP를 추진할 때 가장 큰 장애물은 '업무 따로', 'GWP 따로'라고 생각하는 리더와 구성원들의 이분법적인 생각이다. 많은 리더와 구성원이 GWP 활동을 단지 업무에 지친 피로를 푸는 활동, 업무를 생각하지 않고 신나게 하는 활동이라고 생각한다. 그러나 신뢰경영지수의 자유기술란을 분석해 보면 가장 많이 거론되는 것이 조직 내에 열린 커뮤니케이션과 구성원 간의 존중하고 배려하는 마음이다.

하이닉스 반도체에서 오랫동안 연구 업무를 수행했던 한 이사는 15년간의 직장생활에서 자신의 실수로 현장에서 큰 문제가 발생했을 때가 가장 잊혀지지 않는다고 한다. 그는 문제를 해결하기 위해 하루 종일 혼자 생산 현장에서 씨름하였다. 아무도 그를 도와줄 수 없는 상황이었다. 그는 밤 12시를 훌쩍 넘겨서야 일을 처리하고 사무실로 돌아올 수 있었다. 그가 사무실에 들어서자 동료들이 모두 박수를 치며 그를 위로하고 격려해 주었다. 모두 퇴근을 하지 않고 그를 기다렸던 것이다. 가슴이 뭉클해지는 순간, 팀장이 손에 간식을 잔뜩 들고 사무실 안으로 들어섰다. 그는 팀장과 동료, 선배의 격려에 뜨거운 가족애를 느꼈다고 한다.

위기의 회사를 기적적으로 회생시키면서 훌륭한 기업으로 성장시켜 온 한라공조의 최고경영자는 상사와 갈등이 심했을 때 회사를 그만두고 싶었다고 말한다. 그는 GWP의 성공은 상사와 구성원, 구성원과 구성원 간에 손상된 신뢰 관계를 회복하는 것이라고 강조한다. 구성원들은 일터에서 함께하는 상사나 동료들 간에 불협화음이 심할 때 제대로 일에 집중하지 못한다.

일터의 모든 문화 활동은 업무와 연계 선상에서 추진되어야 한다. 조직문화는 구성원들의 생활방식이다. 즉, 함께 일하는 방식과 생활이 바뀌지 않으면 '업무 따로', 'GWP 따로' 현상을 극복할 수 없다. 리더는 자신의 리더십을 되돌아보고 성찰할 수 있어야 하며, 구성원들은 자기 중심적인 사고에서 벗어나야 한다. 이러한 노력이 회사 차원에서 평가되는 것은 금물이다.

GWP 경영의 첫 단추는 서번트 리더십으로의 패러다임 전환 활동이다. GWP를 조직 내에 성공적으로 정착시키는 가장 훌륭한 방

법은 리더십 변혁 활동을 포함한 두세 가지 정도의 GWP 활동을 지
속적이고 반복적으로 추진하는 것이다.

GWP
리더십

GREAT WORK PLACE

신뢰의 리더십 행동

GWP를 만들어 나가는 책임은 리더와 구성원 모두에게 있다. 기업의 성장에는 최고경영자를 비롯한 임원진들의 탁월한 사업 추진 능력과 미래를 내다보는 통찰력이 크게 작용한다. 뿐만 아니라 구성원들의 열정과 헌신, 강한 주인의식이 기업 성장의 동력으로 작용한다. 기업의 시스템을 운영하는 이 양대 축이 어떻게 맞물려 돌아가느냐가 기업 번영의 열쇠라고 할 수 있다. 톱니바퀴처럼 맞물려 서로의 역할을 수행하는 리더와 구성원들 사이가 삐걱거린다면 그들이 운영하는 시스템 또한 삐걱거릴 수밖에 없다.

신뢰는 양대 축이 조화를 이루며 잘 맞물려 돌아갈 수 있도록 하는 윤활유이자 이 두 축이 떨어지지 않도록 연결시켜 주는 접착제이다. 그런 까닭에 신뢰는 리더와 구성원 그리고 구성원과 구성원들의 연결 고리를 튼튼하게 해주는 기업의 가장 중요한 자원이다.

GWP 컨설팅을 하면서 임직원들을 인터뷰해 보면 리더가 구성원들에게 미치는 영향력이 크다는 사실을 쉽게 알 수 있다. 조직에서는 구성원들에게 급여의 다섯 배가 되는 이윤을 창출해야 본인의 밥값을 한 것이라고 말하지만 그들이 그런 이윤을 창출할 수 있도록 환경이 조성되지 않은 상황에서는 타고난 재능을 가진 극소수의 구성원만이 조직의 기대치를 달성할 뿐이다. 조직은 업무 수행에서 구성원들의 열정과 주인의식 그리고 창의성과 도전성이 피어나기를 기대한다. 그러나 구성원들의 이러한 태도와 행동은 리더가 일터의 분위기를 어떻게 만드느냐에 따라 달라진다.

일터의 분위기를 무겁게 만드는 리더, 경청하기보다는 자신의 판단만을 최고라고 생각하는 리더, 구성원들은 자신의 성공을 위해 존재한다고 믿는 이기적인 리더와 함께 일하는 구성원들이 과연 열정적이고 창의적일 수 있을까? 그만큼 리더의 태도와 행동은 GWP 구현에 결정적인 영향을 미친다.

GWP를 만들어 나갈 때 가장 먼저 생각해야 할 것은 리더십 혁신이다. 리더가 변화하지 않고서는 구성원들의 변화를 기대하기 어렵다. 구성원들이 신뢰할 수 없는 리더십 행동을 점검한 후에 조직의 모습을 살펴보는 것이 GWP 구현을 위한 첫걸음이다.

첫째 | 구성원들의 믿음을 깨는 리더의 행동

- 나의 상사는 업무와 관련이 없는 말로 회의를 질질 끈다. 목표가 명확하지 않아 무엇을 하라는 건지, 무엇을 하자는 건지 알 수가 없다. 회의를 할 때마다 우리는 시계만 쳐다본다. 어떤 때는 일이 한창 진행되고 있는데 뒤늦게 자신의 의견을 고집하기도 한다.

- 나의 상사는 업무 지시나 결재 등을 너무 딱딱하게 진행한다. 지나치게 권위적이어서 상사 앞에만 서면 모두가 긴장을 한다. 묻는 말 외에 다른 말을 한다는 것은 상상조차 하지 못한다. 우리 사무실은 숨소리조차 들리지 않을 만큼 고요하다. 상사를 편안한 얼굴로 대할 수 있으면 좋겠다.

- 나의 상사는 그저 좋은 사람이고 싶은가 보다. 타 부서와 함께 일을 진행할 때 싫은 소리를 듣지 않으려고 실무자의 업무 선을 명확하게 해주지 않는다. 그러다가 부서 간에 업무가 충돌될 때에는 해결을 하려는 노력을 하지 않고 회피만 하려고 한다.

- 나의 상사는 공과 사를 잘 구분하지 못한다. 사전 통보도 없이 외출을 하거나 외근을 나가는 일이 많다. 또 업무 시간에 주식이나 영어 공부 등으로 개인적인 시간을 보내다가 퇴근을 하려고 하면 꼭 "나 좀 도와줘."라고 말하면서 자기 일을 떠맡긴다.

- 나의 상사는 어떠한 문제가 발생하면 화부터 낸다. 왜 문제가 생겼는지, 어디서 잘못되었는지 알아보지도 않고 앞에 서 있는 당사자만 꾸짖는다. 나중에 일을 처리하다가 그것이 그 사람의 잘못이 아니었다는 것을 알게 되어도 미안하다는 말을 하지 않는다. 따지고 보면 상사 자신의 판단 오류에 의해 나타난 결과인데도 자신의 실수를 절대 인정하지 않는다.

- 나의 상사는 업무를 진행할 때에는 아무 말도 하지 않다가 결과가 나오면 질타를 한다. 업무 과정 중에 문제가 생겨 도움을 요청하면 그런 것도 못하느냐며 핀잔을 준다. 결과만 챙기는 상사를 도무지 믿을 수 없다.

- 나의 상사는 회의를 진행할 때 혼자서 제안을 하고 혼자서 결론을 내린다. 어쩌다 우리가 의견을 내면 그것도 생각이라고 했냐며 무안을 준다. 도대체 회의를 왜 하는 건지 모르겠다.

- 나의 상사는 너무 공부를 하지 않는다. 하루 종일 컴퓨터 앞에 앉아서 무엇을 하는지 알 수가 없다. 업무 상황을 제대로 파악하지도 못하고 엉뚱한 이야기만 해 답답할 때가 많다. 자신이 모르는 것을 배우려 하지 않고 허세만 부리는 상사에게서 배울 것이 없다.

- 나의 상사는 구체적인 목표와 방향성이 없어 지시나 결정을 수시로 바꾼다. 좀 더 계획성 있게 일을 하면 좋겠다. 상사의 지시나 결정이 바뀔 때마다 하던 일을 마무리하지 못해 늘 새로운 것에만 매달려 있는 느낌이다.

- 나의 상사는 왜 그 일을 해야 하는지 이유를 설명해 주지 않는다. 정보도 제대로 공유해 주지 않으면서 '그것도 몰랐냐?'라는 식으로 무시하는 일도 잦다.

- 나의 상사는 정보도 공유하지 않은 상태에서 독단적으로 일을 진행한다. 상황이나 과정을 알려고도 하지 않고 무조건 밀어붙이는 식으로 일을 진행시키는 바람에 곤란을 겪은 적이 한두 번이 아니다. 뿐만 아니라 지금 업무가 어떻게 진행되고 있는지 잘 알면서도 무리하게 다음 단계의 일을 진행시키고 무조건 따라오라고 강요한다.

- 나의 상사는 상대방의 의견을 들으려 하지 않는다. 이런 것을 마이동풍이라고 하나? 회사에서 경청하는 리더가 되라고 그렇게 강조하는데도 실천하려는 노력을 조금도 하지 않는다.

- 나의 상사는 의사결정을 하는 시간이 너무 오래 걸린다. 그래서 일을 진행하는 시간이 부족할 때가 많다. 또한 문제가 발생했을

때 해결할 수 있는 권한을 주지 않는다. 우리가 얼마든지 해결할 수 있는 문제도 상사의 우유부단하면서도 보신주의적인 태도 때문에 손 놓고 있는 경우가 많다.

● 나의 상사는 팀 회의에서 충분한 토론을 거쳐 결정한 사항임에도 불구하고 나중에 결정을 뒤집어엎는다. 더욱 기막힌 것은 왜 결정이 바뀌었는지 설명해 주지 않는다는 것이다.

● 나의 상사는 뚜렷한 잘못이 없어도 자신의 감정에 따라 아랫사람을 꾸짖는다. 대놓고 반말을 하는 것은 기본이다. 육두문자가 나오지 않으면 다행이다. 어쩜 그렇게 상대방에게 상처가 되는 말을 잘 하는지 모르겠다. 밤새도록 일한 것을 알면서도 "야, 그것밖에 못했냐?", "너 그렇게 해놓고 밥이 입에 들어가냐?"라는 말을 서슴없이 내뱉는다. 가끔은 그런 상사가 불쌍하다는 생각이 들기도 한다. 그동안 얼마나 짓눌렸으면 부하 직원에게 저럴까 싶다.

● 나의 상사는 윗사람에게 좋지 않은 소리를 들으면 우리에게 스트레스를 푼다. 뭘 더 어떻게 하라는 건지 모르겠다. 본인의 업무 처리 미숙은 생각하지 않고 우리만 탓한다.

● 나의 상사는 팀원들의 수준은 언제나 자신보다 한 수 아래라고

생각한다. 그리고 회사의 모든 일은 혼자서 다 하는 것처럼 말한다.

- 나의 상사는 업무 추진 능력이 뛰어나다. 하지만 구성원들의 정서를 관리하지 못해 큰 벽을 느낀다. 마음에 상처주는 말을 자주 할 뿐만 아니라 구성원들의 개인 고충에는 전혀 관심이 없다. 그래서인지 우리는 상사의 업무 성취를 위해 희생당하고 있다는 느낌을 지울 수 없다.

둘째 | 구성원들이 존중받지 못한다고 느끼는 리더의 행동

- 나의 상사는 감정 조절을 잘 하지 못한다. 똑같은 사안인데도 자신의 기분에 따라 결정을 한다. 예측할 수 없는 상사의 행동 때문에 우리는 상사의 기분에 따라 결재를 받거나 일을 추진한다.

- 나의 상사는 자신의 경험으로 모든 일을 판단한다. 시대가 변했음에도 불구하고 경험이 최고라고 생각한다. 만약 그 결과가 좋지 않으면 책임은 우리가 뒤집어쓴다. 상사는 우리도 생각하면서 일하는 구성원이라는 걸 늘 잊고 있는 것 같다.

- 나의 상사는 야근을 하는 것을 당연하게 생각한다. 어쩌다가 정시에 퇴근을 하려고 하면 일도 제대로 못하는 사람들이 늘 집에

일찍 간다며 비난 섞인 농담을 한다. 그래서 차라리 상사가 퇴근을 할 때까지 자리를 지키는 것이 마음 편하다.

● 나의 상사는 자신에게 도움이 될 것이라 생각되는 교육을 자주 듣는다. 하지만 우리가 자기 계발이나 업무 역량 강화를 위해 교육을 신청하면 무시해 버린다. 상사라면 부하를 육성해야 할 의무가 있지 않을까?

● 나의 상사는 일은 일대로 시키면서 정작 교육이나 전문성을 높이는 활동은 중요하게 생각하지 않는다. 부하 육성에는 관심이 없고 오로지 일만 시키는 상사를 볼 때마다 우리는 기계가 된 듯한 느낌을 받는다.

● 나의 상사는 종종 팀에 불만이 있거나 자신에게 불만이 있으면 모두 이야기하라고 말한다. 우리 조직에는 '고충 나눔'의 시간이 있다. 이 시간을 통해 문제점을 말한다 하더라도 정작 바뀌는 것은 아무것도 없다. 이제는 그 시간이 '침묵 나눔' 시간으로 바뀌어 가고 있다.

● 나의 상사는 일할 때와 쉴 때를 제대로 구분하지 못한다. 급한 일도 아닌데 꼭 점심시간 직전에 불러서 이건 이렇고 저건 저렇고 이야기를 한다.

- 나의 상사는 퇴근 후의 개인 시간을 무시하는 경향이 있다. 회식 일정이나 회의 시간 등도 본인의 스케줄에 따라 아무렇지 않게 바꾼다. 상사의 스케줄이 바로 우리의 스케줄이다.

- 나의 상사는 퇴근 시간이 다 되어 급한 일이라며 일을 던져 주고 자신은 유유히 퇴근을 한다. 그런 상사를 보면 한숨이 나오지 않을 수가 없다.

- 나의 상사는 구성원이 오랜 시간을 들여 성과를 냈는데도 칭찬은 고사하고 수고했다는 말 한마디 해주지 않는다. 오히려 그 결과를 자신의 공으로 돌린다. 탁월한 정치적인 행동에 모두 혀를 내두른다.

- 나의 상사는 업무 담당자가 열심히 노력하고 있는데도 속도가 느리다는 이유로 다른 사람에게 그 일을 맡긴다. 그것도 모두 다 들으라는 듯이 큰소리로 담당자를 교체시킨다. 구성원들은 이러한 일을 자주 겪어 이제는 크게 상처를 받지도 않는다.

- 나의 상사는 이름을 두고도 늘 "어이", "야", "이봐" 등의 호칭을 사용한다. 구성원들은 호칭에서부터 자신의 존재감을 느낀다는 점을 알아주었으면 좋겠다.

- 나의 상사는 구성원들이 실수를 하면 기회가 될 때마다 농담을 가장해서 야유와 비난을 한다. 그럴 때면 저 사람도 리더인가 하는 생각이 든다.

셋째 | 구성원들이 불공정하다고 느끼는 리더의 행동

- 나의 상사는 실컷 보고서를 써 놓으면 자신의 이름으로 결재를 맡는다. 구성원들의 업적을 마치 자신의 업적처럼 발표하는 상사를 볼 때면 마음이 무겁다.

- 나의 상사는 윗사람에게 잘 보이기 위해 일이 잘 진행되고 있는 사항들은 자신이 직접 보고를 한다. 하지만 잘 진행되고 있지 않는 사항들은 부하 직원한테 직접 보고하라고 강요한다. 혼자서 승승장구하려고 애쓰는 모습을 보면 뭔가 잘못되었다는 생각이 든다.

- 나의 상사는 노골적으로 자신이 좋아하는 구성원들을 거론하며 편을 갈라 놓는다. 구성원들을 비교·평가하는 상사 때문에 구성원들은 눈치를 보며 상사의 비위를 맞추기 바쁘다.

- 나의 상사는 구성원들의 잘못을 그때그때 지적하지 않고 가슴에

담아 둔다. 그러다 술자리에서 그 잘못을 거론하며 '너 찍혔어.' 하고 한마디 던진다. 그럴 때면 상사가 너무 무섭다.

● 나의 상사는 자신이 잘못한 일은 숨기려 하면서 남의 잘못은 과대포장해서 말한다. 또한 자신이 한 일은 모두 잘한 것이라 생각하고 다른 리더들이 한 일은 모두 잘못되었다고 말한다 .

● 나의 상사는 구성원들이 똑같은 업무를 똑같이 최선을 다해서 진행을 해도 특정 인물에게만 칭찬과 격려의 말을 아끼지 않는다. 구성원을 편애하는 상사의 모습에 최선을 다해 일을 할 필요성을 느끼지 못한다.

● 나의 상사는 너무 욕심이 많다. 이 부서, 저 부서의 일을 모두 자신이 처리하겠다고 나선다. 하지만 정작 그 일을 해야 하는 구성원들은 쌓여만 가는 일 때문에 점점 지쳐 간다.

● 나의 상사는 평가 기준을 제시해 주지 않고 업적을 평가한다. 그러니 평가 결과를 피드백받는다는 것은 있을 수 없는 일이다. 나의 상사가 업적보다는 개인 감정에 의해 평가를 하는 것이 아닌가 의심이 갈 때가 많다.

● 나의 상사는 업무에 대한 중요성이나 필요성을 제대로 설명해

주지 않고 무작정 일을 처리하고 결과를 보고하라고 한다.

● 나의 상사는 윗사람과의 술자리는 물론 자신의 학교 선배나 후배와의 관계를 아주 중요하게 생각한다. 인맥이나 연줄을 끊지 못하고 있는 상사를 보면 진정으로 회사를 위해 고생하고 있는 구성원들이 가엾게 생각되곤 한다.

● 나의 상사는 내가 맡고 있는 일을 누구나 할 수 있는 일이라며 소중하게 생각해 주지 않는다. 그럴 때면 내가 하찮은 일을 하고 있는 것인가 하는 허무함에 서글퍼지곤 한다.

● 나의 상사는 업무 성과를 제대로 인정해 주지 않는다. 최선을 다해서 좋은 결과를 만들어 내도 제대로 평가받을 수 있을지 의구심이 든다. 그래서 최선을 다하고 싶지 않을 때가 많다.

● 나의 상사는 너무 조급하다. 빠르게 결과를 내놓지 않으면 바로 질책을 한다. 상사가 '너의 능력을 믿는다. 너무 조급해하지 말라.'는 따뜻한 격려를 해준다면, 더욱 용기를 내어 일을 할 수 있을 것 같다.

GWP 구현을 위한 일터의 현상을 진단하는 방법은 다양하다. 다만 조직의 리더십 행위가 GWP를 구현하는 데 가장 큰 영향을 미친다는 점을 감안할 때, 임직원 간의 신뢰를 구축하는 리더십 행동의 범주를 점검해 볼 필요가 있다. 다음과 같은 리더의 행동은 조직의 신뢰 구축의 핵심 요소가 된다.

1. 믿음(Credibility)을 높이는 리더십 행동

커뮤니케이션 역량	• 리더는 구성원들의 질문에 진솔하게 답변한다. • 리더는 구성원들이 제대로 일을 할 수 있도록 정보를 공유한다. • 리더는 구성원들이 무엇을 해야 하는지 기대 사항을 명료화한다. • 리더는 회사의 정책, 변화, 사업 진행 사항, 재정 상태 등을 구성원들과 자주 공유한다.
업무 추진 역량	• 리더는 구성원 개개인의 능력과 관심사를 잘 알고 있다. • 리더는 구성원들의 역량에 따라 도전하는 업무의 종류와 수준을 정해 준다. • 리더는 구성원들이 일을 잘할 수 있다는 믿음을 가지고 있다. • 리더는 제때 의사결정을 해준다. • 리더는 구성원들이 업무를 진행할 때 피드백을 해주지만 소소하게 간섭하지는 않는다. • 리더는 구성원들이 도전적인 목표를 가질 수 있도록 격려하고 코칭한다.

	• 리더는 구성원들이 책임감을 가질 수 있도록 적절한 권한을 위임한다. • 리더는 구성원들이 하는 일의 중요성을 강조함으로써 자긍심을 높여 준다. • 리더는 구성원들이 회사의 비전과 발전 방향을 명확히 알 수 있도록 지속적으로 설명하고 이해시킨다. • 리더는 회사의 문화에 잘 맞는 인재를 발굴하여 채용하기 위해 노력한다.
윤리경영	• 리더는 사소한 것이라도 구성원들과의 약속을 지킨다. • 리더는 업무 계획의 추진 과정이나 결정 사항을 구성원들에게 수시로 알려준다. • 리더는 솔선수범한다. • 리더는 자신이 내린 결정이 잘못되었을 때, 그것을 인정하고 바로 수정한다. • 리더는 말과 행동이 일치해야 한다. • 리더는 정도를 지키기 위해 노력한다.

2. 존중(Respect)을 높이는 리더십 행동

전문능력 향상 지원	• 리더는 구성원들의 경력 개발을 위한 교육이나 훈련을 지원한다. • 리더는 구성원들의 업무 결과에 대해 정직한 피드백을 준다. • 리더는 구성원 개개인의 비전을 알고 있으며 이를 돕기 위해 관계되는 일들을 경험할 수 있도록 기회를 준다. • 리더는 구성원들의 업무에 도움이 되는 정보와 자료를 수시로 제공해 준다. • 리더는 구성원들의 실수가 배움의 기회가 되도록 코칭한다. • 리더는 구성원들의 제안이나 아이디어가 업무에 적용될 수 있도록 돕는다. • 리더는 구성원들이 성공하고 성장할 수 있도록 돕는다.
인정과 협력	• 리더는 구성원들의 의견이나 타 부서의 정보를 수집하여 최종 결정을 내릴 때 참고한다. • 리더는 구성원들이 최선을 다할 수 있는 기회를 준다. • 리더는 구성원들의 제안이나 의견을 적극적으로 수렴한다. • 리더는 구성원들의 크고 작은 성과를 자주 인정해 준다. • 리더는 구성원들에게 영향을 미치는 의사결정에는 당사자의 의견을 적극 경청한다.
애정과 관심	• 리더는 구성원들이 휴가나 휴식을 마음 편하게 취할 수 있도록 해준다. • 리더는 구성원들의 개인적인 고충이나 스트레스를 경청하고 해결해 주기 위해 노력한다. • 리더는 구성원들의 개인생활과 조직생활이 조화를 이룰 수 있게 배려한다. • 리더는 구성원들이 동아리 활동, 스포츠 활동 또는 취미 활동 등을 통해 심신이 건강해질 수 있도록 적극 지원한다.

3. 공정성(Fairness)을 높이는 리더십 행동

공정함	• 리더는 구성원들에게 성과 보상의 배분에 대해 설명한다. • 리더는 구성원들의 성과 보상에 영향을 미치는 중요 요인들을 명확하게 이해시킨다. • 리더는 구성원들이 좋은 성과를 내면 그들의 직위나 직급에 관계없이 공정하게 인정한다. • 리더는 자신의 직속 구성원들이 일한 만큼 제대로 평가받고 있는지 객관적인 시각으로 점검한다.
공평함	• 리더는 구성원들이 정치적인 행위를 하거나 자신에게 아부하는 것을 경계한다. • 리더는 구성원들의 승진이나 승격을 위해 명확한 기준을 가지고 있을 뿐만 아니라 구성원들과 기준을 공유한다. • 리더는 구성원들을 편애하지 않는다. • 리더는 구성원들이 조직의 목표를 향해 함께 나아갈 수 있도록 격려하고 지원한다.
평등함	• 리더는 나이나 성별에 관계없이 구성원들이 자신의 능력을 발휘할 수 있도록 골고루 기회를 제공한다. • 리더는 학연이나 지연에 관계없이 구성원들을 평등하게 대우한다. • 리더는 구성원들이 업무 추진 과정에서 불공정함을 제기하면 경청하고 바로 수정한다.

4. 재미(Fun)를 높이는 리더십 행동

친근한 일터	• 리더는 구성원들이 회사와 부서를 위해 최선을 다하고 있다는 믿음을 보여 주기 위해 노력한다. • 리더는 구성원들의 다양한 업무 스타일을 인정하고 수용한다. • 리더는 구성원들의 단합 활동에 적극적으로 참여한다. • 리더는 구성원들이 서로의 개성을 인정할 수 있도록 격려한다. • 리더는 구성원들이 창의적인 축하 활동을 할 수 있도록 격려하고 지원한다. • 리더는 구성원들의 노력과 성과를 인정해 줄 수 있는 다양한 방법을 사용한다. • 리더는 구성원들이 도움을 요청하면 적극적으로 도와준다.
친절함	• 리더는 신입사원이나 전배된 사람들이 잘 적응할 수 있도록 배려한다. • 리더는 구성원들이 서로 관심을 가지고 배려할 수 있도록 격려하고 지원한다. • 리더는 구성원들이 재미있게 일할 수 있는 분위기를 조성한다. • 리더는 구성원들이 편안한 마음으로 일할 수 있는 업무 환경을 만들어 준다.
공동체의식	• 리더는 구성원들이 서로 협력할 수 있도록 지원한다. • 리더는 구성원들이 하나라는 생각을 갖도록 격려한다. • 리더는 구성원들이 타 부서원들과 교류할 수 있는 기회를 제공한다. • 리더는 구성원들이 관계되는 부서와 협력하여 일할 수 있도록 격려한다.

- 리더는 구성원들이 개인적인 관심이나 목표보다는 팀 전체의 목표에 관심을 가질 수 있도록 코칭한다.
- 리더는 구성원들이 하나라는 생각을 갖도록 격려한다.

훌륭한 기업의
GWP

쌔스 인스티튜트
SAS Institute

주요 업종 비즈니스 인텔리전스(Business Intelligence) 솔루션 선두 기업
설립 연도 1976년
종업원 수 5,487명(미국 내), 5,579명(미국 외)
매출 규모 $2,300millions(2008년 기준)
특   징 IT 관련 산업계에서 우수 인력 퇴사율이 가장 낮음

노스캐롤라이나의 조그마한 마을을 지나 굽이굽이 들어가면 타운처럼 형성되어 있는 SAS 캠퍼스를 만나게 된다. 필자의 일행을 안내하기 위해 마중 나온 할아버지의 환환 미소를 통해 SAS의 인간중심 경영을 느낄 수 있었다. 그는 은퇴 후에도 정든 이곳에서 방문객을 가이드할 수 있는 것을 매우 자랑스러워했다. IT 전문가였던 그는 프리랜서로 다른 곳에서 얼마든지 좋은 보수를 받으면서 일할 수 있었지만, 자신에게 일과 삶의 행복을 모두 가져다 주었던 SAS에서 평생을 보내고 싶다고 말했다.

SAS는 구성원들의 프라이버시를 보장해 주기 위해 각각 방을 제공한다. 하지만 사무실에는 문이 달려 있지 않다. 이는 개인과 팀

을 배려하는 회사의 정책이다. 이 회사의 완벽에 가까운 복지시설은 단순히 돈을 많이 벌기 위한 수단으로 제공된 것이 아니다. 소프트웨어 개발업체의 특성상 여성 종업원이 많은 비중을 차지하는 이 회사는 우수 여성 인력들이 임신과 출산으로 회사를 떠나는 일이 자주 발생하자 다양한 프로그램을 통해 일과 삶의 균형을 유지할 수 있도록 구성원들을 배려한다.

이 캠퍼스에는 200여 명의 유아를 수용할 수 있는 복지시설과 700여 명을 교육할 수 있는 유치원 시설이 있다. 구내 식당에는 어린이용 의자를 비치하여 부모들이 캠퍼스 안의 유치원에서 아이들을 데리고 와 함께 식사를 할 수 있는 환경을 제공한다. 그리고 하루 종일 의자에 앉아 시간을 보내야 하는 구성원들을 위해 회사 내에 마사지 치료사·내과의사·치과의사가 항상 상주하며, 개개인의 신체적 특성을 측정하여 의자나 책상 등을 맞춤형으로 구입한다. 이 밖에도 피아노가 연주되는 멋진 카페, 숲이 우거진 캠퍼스, 묵상실, 체육관, 골프 퍼팅 그린, 노인 부양 상담실 등의 시설을 갖추어 구성원들이 개인의 건강과 가족을 챙기면서도 업무에 매진할 수 있도록 지원한다. 모든 구성원에게는 연간 3주의 유급휴가가 주어지며 10년 근속 후에는 5주의 유급휴가가 주어진다.

이 회사의 최고경영자인 짐 굿나잇(Jim Goodnight)은 "회사가 제공하는 복리 혜택은 구성원들의 회사 성장에 대한 기여와 공로에 대한 존경심의 표현이다."라고 말한다. 그는 구성원들이 존중받고, 대우받고 있다고 느낄 때 그들의 애사심을 확보할 수 있고, 그것은 고객 만족으로 연결된다는 신념을 가지고 있다. 이 회사의 HR 담당자는 "IT업계의 치열한 우수 인재 확보에서 경쟁력을 갖추려면, 구성원들을 가장 귀중한 자산으로 인식해야 한다."고 말한다. 그래서 이곳에서는 신뢰와 존중이 경영의 기본 철학이 되었다.

그렇다면 어떠한 방식으로 경영진과 구성원들이 모두 즐겁게 일할 수 있는 환경을 만들 수 있을까? SAS는 모든 사람이 평등한 대우를 받아야 하고 구성원들이 하나의 인격체로서 존중받아야 한다고 생각한다. 또한 경영진들은 구성원들이 최선을 다해 자신의 임무를 수행하고 있다는 믿음을 가져야 한다고 생각한다.

실제로 SAS의 풍요로운 복리후생 제도는 돈 낭비가 아닐까 하는 의문이 들게 한다. 하지만 SAS가 추구하는 경영이념과 철학, 우수 인재 관리를 보면 오히려 구성원을 배려하는 복리후생은 성과 창출의 원동력이 되고 있음을 발견할 수 있다. 구성원들이 마음껏 일할 수 있는 여건을 마련해 준 만큼 개개인은 자기 업무에 최선을 다하고 그 결과에 책임을 지는 자세를 보인다.

SAS의 신뢰와 인간 존중의 경영철학은 구성원들이 도전할 수 있는 목표를 설정하고, 그것을 뛰어넘을 수 있도록 자율과 창의적 행동을 보장해 준다. 또한 활발한 자체 교육이나 세미나를 통해 구성원들의 역량을 강화시킨다. 기능 위주의 부서를 탈피하여 부서 간 이동이 원활하게 함으로써 부서 간의 이기주의를 타파시켜 자기실현이 가능한 직무를 찾아갈 수 있도록 적극적으로 지원하기도 한다. 그러나 이 회사는 구성원들을 신뢰하는 만큼 신뢰를 저버리는 구성원에 대해서는 단호하게 대처한다.

구성원들이 SAS의 가치를 명확히 깨달으며 함께 일하는 사람들끼리 업무를 즐기는 가운데 조직의 성과로 맺어지는 업무 시스템을 통해 우수 인재들이 내부 경쟁이 아닌 외부 인재와의 경쟁을 할 수 있도록 만든다. 그래서 SAS는 금전적 보상보다는 근무 환경의 질을 높이는 데 더욱 집중하고 있다.

언제든지 최고경영자를 만날 수 있는 회사, 식당이나 캠퍼스 곳곳에서 최고경영자와 자주 마주치며 웃을 수 있는 회사, 연구동 건물 안을 식물원처럼 꾸며 놓은 회사, 구성원들의 건강까지 챙기고 배려하는 회사 SAS는 이렇게 신뢰와 존중의 핵심 경영을 지속적으로 실천하고 있다.

IT업계의 연평균 이직률은 30~40퍼센트가 넘는다. 하지만 SAS의 연평균 이직률은 3퍼센트 내외다. SAS의 이직률이 낮은 것은 결코 우연이 아니다. 나를 믿고, 나를 존중해 주는 직장을 찾기란 쉬운 일이 아니다. 2010년도 《포춘》이 선정한 '일하기 훌륭한 포춘 100대 기업'의 1위 자리에 오른 SAS는 구성원들이 일하기 훌륭한 일터, 즉 GWP를 구현해 나가는 훌륭한 회사임이 틀림없다.

GREAT WORK PLACE 2

시노버스 파이낸셜
Synovus Financial

주요 업종	종합 금융 서비스
설립 연도	1888년
종업원 수	12,474명(미국 내), 410명(미국 외)
매출 규모	$2,575millions(2005년 기준)
특 징	구성원들의 자부심이 가장 높은 기업 중의 하나

 필자가 시노버스 파이낸셜을 방문했을 때 가장 기억
에 남는 것은 화장실에서 만난 청소부 아줌마였다.
작은 화분을 다듬어서 화장실 안에 진열하고 있는 아주머니께 인사
를 건네며 말했다.

"화분을 매일 관리하려면 힘드시겠어요. 회사가 이런 것까지 시
키고…… 고생이 많으세요."

"아닙니다. 제가 좋아서 하는 일이에요. 건물 관리 팀장에게 이
화분을 사달라고 했어요. 잎사귀에서 풍기는 향이 알레르기가 있는
사람들에게 좋다고 해서요. 나는 이곳의 멤버들이 더 많은 성과를
내기 위해 열심히 일하는 것을 잘 알고 있어요. 내가 그들을 위해

할 수 있는 일은 그들이 화장실에 올 때만큼은 편안한 마음으로 쉬었다 갈 수 있도록 하는 것이라 생각해요. 멤버들이 일을 하면서 받은 스트레스를 이곳에서 잠시 풀고 간다는 말을 할 때 나는 정말 기뻐요. 나는 내가 하는 일이 얼마나 중요한지 잘 알고 있어요. 청소는 기본이지요. 나는 항상 어떻게 하면 멤버들이 더 편히, 더 쾌적하게 쉴 수 있을까를 생각해요."

회사를 오가는 직원들은 환한 미소로 청소부 아주머니께 인사를 건넸다. 이 모습을 통해 복도에서든 화장실에서든 시노버스 파이낸셜 안에서 근무하는 모든 사람은 격이 없는 사이임을 금방 알 수 있었다.

한국 기업들의 조직문화를 컨설팅하면서 필자가 겪었던 가슴 아

시노버스 파이낸셜 포스터 _ 구성원들의 얼굴을 이용하여 영화 포스터 같이 디자인하였다. 탁월한 성과를 독려하는 포스터로 '우리의 일터는 락카페처럼 재미있는 곳이지만 우리는 이곳에서 술을 마시며 즐기는 것이 아니라 열심히 일하면서 즐긴다'는 의미를 지니고 있다.

폰 일은 대부분의 임직원이 청소하는 아주머니들이나 직원들에게 반갑게 인사를 건네는 경우가 드물다는 것이었다. 가까운 거리에서 눈이 마주쳐도 무뚝뚝하게 대응하는 사람들의 모습을 단순히 인사에 익숙하지 않은 우리나라의 문화 때문이라고 애써 변명할 수 있을까? 그들이 연인이나 친구 혹은 가족을 만날 때에도 과연 그러한 모습을 보일까?

필자는 이곳에서 회장실도 방문할 수 있었다. 회사를 처음 방문하는 외부인이 종업원 수가 9천여 명이 넘는 회사, 18개가 넘는 은행을 소유하고 있는 금융회사의 회장실을 살펴볼 수 있다는 것, 아니 회장실이 자리 잡고 있는 층에 올라갈 수 있다는 것이 너무나 생소했다.

비서는 필자의 일행을 친절하게 맞이해 주었다. 그러고는 지금 회장님이 외출 중이기에 안을 구경할 수 있다고 말했다. 회장실의 문은 반쯤 열려 있었다. 비서는 특별한 사유가 없는 한 회장실의 문은 항상 열려 있다고 말했다. 필자는 시노버스 파이낸셜의 회장실은 한국 대기업 회장실 수준, 아니 그 이상일 것이라 생각했다. 으리으리한 공간, 최고급 소파와 권위의 상징인 흑갈색의 큰 책상이 머릿속에 떠올랐다. 하지만 필자의 생각은 완전히 빗나갔다. 시노버스 파이낸셜 회장실은 일반 가정에서도 볼 수 있는 편안한 가구와 간단하면서도 우아한 몇몇 가구만이 자리 잡고 있었다. 공간의 크기도 한 가족이 앉아서 편안하게 담소를 나눌 수 있는 정도밖에 되지 않았다.

비서는 회장실은 언제나 개방되어 있어 구성원들이 자녀를 데리고 회사를 방문할 때에도 구경을 할 수 있다고 했다. 구성원들의 자녀들은 가끔씩 회장의 책상에 앉아 미래의 최고경영자를 꿈꾸기도 한다고 한다. 회사 곳곳에 묻어 있는 인간존중의 경영 분위기와 임직원의 표정을 통해 비서의 말이 진실임을 알 수 있었다.

필자는 시노버스 캠퍼스의 파티션에 새겨진 그림과 디자인 그리고 그것을 자랑스럽게 말하는 구성원들을 통해 다시 한 번 놀라움을 금치 못했다. 전 구성원들의 응모를 통해 디자인된 파티션과 벽면은 시노버스 파이낸셜의 자랑거리이자 구성원들의 자부심 그 자체였다.

이곳은 오래전부터 '종업원'이라는 말을 '멤버'라는 말로 교체하여 사용하고 있다. 더 높은 곳을 향해 비상하고자 하는 구성원들의 자발적인 의지와 '우리는 하나'라는 생각에서 비롯한 결과다. 이러한 모습을 통해 필자는 시노버스 파이낸셜의 오랜 역사와 성장이 그저 쉽게 얻어진 것이 아니라는 것을 느낄 수 있었다. 굳이 재미있는 이벤트를 만들기 위해 노력하지 않아도 그들에게서는 늘 창의적인 생각과 행동이 피어날 것이라는 것을 믿을 수밖에 없었다.

지역의 역사 보존을 위해 오래된 기차역을 그대로 보존한 채 내부만 수리하여 주차 빌딩으로 사용하고 있는 회사, 일에 대한 구성원들의 자부심을 100퍼센트 유지시키는 회사, 리더들이 구성원들의 목표 달성을 위해 장애요인을 제거해 주고 전문적으로 지원해 주는 서번트 리더십이 습관화된 회사, 리더 또한 사람이기 때문에

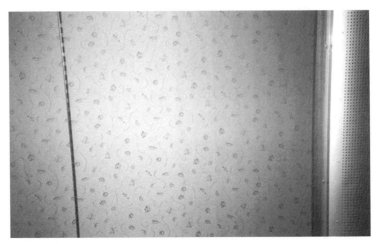

사무실 벽면_구성원들의 공모를 통해 채택된 디자인으로 꾸며져 있다.

감정의 흐름에 따라 개인 지향적으로 흐를 수 있다는 판단 아래 2
개월마다 리더십 진단과 피드백을 통해 공정하고 객관적이며 원칙
을 준수하는 리더의 모습을 유지할 수 있게 도와주는 회사, 흡연 장
소를 캠퍼스에서 1킬로미터 떨어진 곳에 설치해 놓은 회사, 캠퍼스
주위에 크고 작은 트래킹 코스를 만들어 구성원들이 건강 관리를
할 수 있도록 신경 쓰는 회사가 바로 시노버스 파이낸셜이다.

　이곳에서는 인간 존중이 잘 실현되고 있었다. 표면적으로 나타
나는 이런 결과는 '사람이 최우선'이라는 회사의 경영철학에서 시
작하였다. 이는 '모든 것은 직원 중심의 배려에서 출발한다(It all
starts with treating people right)'는 서번트 마인드가 근무 환경
에서부터 시스템에 이르기까지 잘 적용되어 있음을 시사한다. 시노

시노버스 파이낸셜 캠퍼스_구성원들에게 자부심을 심어 주는 공간이다.

버스 파이낸셜은 구성원들이 아름다운 전경을 보며 일할 수 있도록 자리를 배치할 뿐만 아니라 1990년대 중반부터 PDE(People Development Exponent)를 운영하여 서번트 리더십을 구체화하였다. 매주 신뢰문화위원회를 통해 최고경영자가 구성원들과 대화를 나누는 시간을 마련하고 '팀 감사의 날(Team Appreciation Days)'을 정해 회사가 구성원들의 노고에 감사를 표하기도 한다.

   이 회사의 최고경영자인 블랜차드(Blanchard)는 '최고경영자는 모든 직원에게 봉사하기 위해 존재한다'는 서번트 리더십을 강조할 뿐만 아니라 스스로 실천하고 있다. 리더는 구성원들을 파트너라고 생각하고 그들의 의견을 존중할 뿐 아니라 개개인 모두 발전하고 성장해야 한다는 생각으로 서번트 리더십 행위를 실천하고 있다. 임원이나 리더들의 교육에서 가장 강조되는 것은 아랫사람들에게 겸손하고 봉사하라는 것이다.

블랜차드는 "아랫사람에게 힘을 실어 줄수록 주는 사람은 더 큰 힘을 갖게 된다."고 말한다. 인본주의 경영철학이 생활 속에 뿌리 내려져 있는 이 회사에서는 단순히 부하라는 이유로 윗사람에게 인격적인 모욕을 당하는 경우를 찾아보기 힘들다. 이러한 인간적인 경영은 이 회사가 가지고 있는 고유한 직책, CPO(Chief People Officer)에서도 찾아볼 수 있다.

금융 그룹에서 빼놓을 수 없는 첨단 기술력 및 시스템과 인간을 가장 중시하는 인본주의 경영이 이 회사가 오랜 역사 속에서도 승승장구할 수 있게 해주는 비결이다. 24년이 넘도록 연속적으로 고수익을 기록하고 있는 이 회사에서는 기업들을 경기난에 허덕이게 만든 경기불황의 여파를 찾아볼 수 없다.

인간 중심의 경영은 팀으로 내려올수록 더욱 크게 실감할 수 있다. HR 담당 부서에서 일하는 켈리 씨는 자신의 경험담을 자랑스럽게 이야기했다.

"나는 우리 동료들을 너무 사랑해요. 그들은 너무나 고마운 존재들이죠. 얼마 전에 손주가 갑자기 아파서 몇 달 동안 내가 돌봐주어야 할 일이 생겼어요. 그래서 팀장에게 사정을 이야기했죠. 이 소식을 전해 들은 팀원들이 회의를 하여 서로 돌아가며 내 일을 맡아주기로 결정했어요. 한 번은 집에서 손주를 돌보다 회사 일이 걱정이 되어 제 자리로 전화를 걸었죠. 그러자 이런 음성 메시지가 흘러나

왔어요. '켈리 씨는 지금 회사의 가장 중요한 업무 수행, 사람을 돌보는 일을 하고 있습니다. 켈리 씨에게 격려의 메시지를 남겨 주세요.' 이 메시지를 듣는 순간 눈물이 났어요. 동료들의 도움으로 개인적인 일을 잘 마치고 회사에 복귀한 후에 나는 밤새며 일을 했어요. 일이 밀려서도 아니었고, 동료에게 미안해서도 아니었어요. 나는 그저 일하는 것이 즐거웠어요. 이곳에서 일한다는 사실이 얼마나 즐겁고 자랑스러운지 몰라요."

그녀는 시노버스 은행의 텔러로 회사생활을 시작해서 지금은 인사 담당 부서에서 일하고 있다.

"우리 회사에서는 텔러로 시작해서 자신의 경력을 쌓아 관리자 또는 임원까지 올라가는 사람도 많아요. 회사는 내가 업무에서 성

구성원들의 다양성이 묻어나는 책상_ 컴퓨터 위의 강아지는 구성원들이 돌아가면서 돌보는 제2의 가족이다.

장할 수 있도록 많이 도와주고 있어요. 대학 과정이 필요하면 일을 하면서 학위를 딸 수 있도록 배려해 주기도 해요. 그래서 우리는 어떤 일을 하든 그 일이 회사에 크게 기여하고 있다는 자부심을 가슴에 안고 생활해요."

자신의 회사를 이렇게 끝없이 자랑할 수 있는 사람이 얼마나 될까? 자신의 조직은, 구성원들은 어떠한지 한 번 살펴보기 바란다.

컨테이너 스토어
Container Store

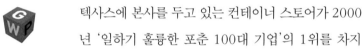

주요 업종 사무용 가구, 저장용품 소매 유통
설립 연도 1978년
종업원 수 3,233명(미국 내), 596명(미국 외)
매출 규모 $551millions(2008년 기준)
특　　징 매년 15~20%의 초고속 성장률, 미국 최고 고객 만족 서비스 기업 중 하나

　　텍사스에 본사를 두고 있는 컨테이너 스토어가 2000
년 '일하기 훌륭한 포춘 100대 기업'의 1위를 차지
했을 때,《포춘》의 기자들은 입을 다물지 못했다. 그들에게도 '컨테
이너 스토어'라는 회사의 이름이 생소했기 때문이다. 소위 글로벌
기업이라고 일컫는 기업들, 마이크로소프트나 인텔, 골드만 삭스
등의 기업이 1위를 했다면 대부분의 사람이 당연하게 받아들였을
것이다.

　컨테이너 스토어는 미래를 보장하는 핵심 기술력을 보유한 회사
도 아니다. 이름 그대로 옷장이나 주방, 창고 등의 눈에 잘 보이지
않는 수납공간을 효율적으로 활용할 수 있는 다기능 용품을 판매하

는 회사다.《포춘》기자들은 고민했다. 자신들도 잘 알지 못하는 회사가 어떻게 1위를 한 것일까?《포춘》은 한 기자를 컨테이너 스토어에 파견했다. 그 기자는 일주일이 넘는 시간 동안 그곳의 직원들과 함께 생활하면서 밀착 취재를 한 후에 '컨테이너 스토어는 일하기 훌륭한 포춘 100대 기업의 1위를 하고도 남는 기업'이라는 타이틀로 회사를 소개하는 기사를 내보냈다.

그렇다면 컨테이너 스토어는 어떤 회사일까? 필자는 한국 기업의 관리자들과 함께 그 회사를 방문하였다. 그때 함께한 모든 사람이 이구동성으로 이렇게 말했다.

"이곳은 일 년 정도 머물면서 사례 연구를 하고 싶은 회사다."

필자가 처음 본사의 건물에 들어섰을 때, 한가운데가 뻥 뚫린 로

컨테이너 스토어 본사 로비 _ 전국에 흩어져 있는 구성원들의 얼굴이 본사 로비에 걸려 있다.

비가 눈길을 끌었다. 이 층으로 올라가는 길에 보았던 벽면 역시 인상적이었다. 3,000여 명의 직원 사진이 로비 벽면을 가득 채우고 있었다. 한국 기업의 로비를 들어설 때 느껴지는 무게감과 침묵해야 할 것 같은 거리감과는 사뭇 달랐다.

두 번째로 필자의 눈길을 끈 것은 대형 퀼트였다. 컨테이너 스토어 매장의 이름과 비전 그리고 구성원들의 꿈이 새겨진 퀼트 조각이 모여 커다란 현수막 같은 모양으로 로비의 한가운데에 우뚝 서 있었다. 그 퀼트는 컨테이너 스토어의 전 구성원이 창립 25주년을 맞아 회장인 킵틴델에게 고마움을 표시하기 위해 그들 스스로 상의하여 만든 것이다. 미국 전역의 매장에 있는 구성원들이 각 매장의 비전과 꿈을 디자인하여 각각의 퀼트를 만들었다고 한다. 그것은 비록 그들이 매일 볼 수 없는 거리에 있다 할지라도 늘 함께하는 컨테이너 스토어의 멤버라는 생각을 담은 것이다. 구성원들의 진실한 마음이 담긴 선물을 받은 회장의 마음은 어떠했을까? 필자는 서로에 대한 신뢰와 존경, 배려의 선순환이 더욱 강화되어 조직의 성과에 큰 거름이 되고 있음을 피부로 느낄 수 있었다.

세 번째로 필자의 눈길을 사로잡은 것은 회장실이었다. 회장 스스로가 컨테이너 스토어의 물품을 자랑스럽게 사용하고 있었다. 그의 집무실 벽면은 플라스틱 박스와 정리 정돈을 위한 컨테이너들로 채워져 있었다. 회장은 자사의 제품이 최고라고 생각한다며 고급 가구를 사지 않는다고 말했다.

필자는 최고경영자와 브리핑 시간을 가질 수 있었다. 그의 태도

회장 직무실 _ 회장은 회사 제품을 쓰는 것을 자랑스럽게 여긴다.

와 행동은 너무나 인상적이었다. 그는 대화를 나누는 내내 구성원들에 대한 자부심과 사랑 그리고 믿음을 강하게 표출했다. 그는 자신의 역할은 그들이 일을 잘할 수 있도록 옆에 있어 주는 것이라는 말로 자신의 리더십을 대변했다. 그는 대화를 나누면서 자신이 잘 모르는 부분이 있으면 브리핑에 함께 참석한 HR 담당 이사에게 질문을 하여 답을 얻었다. 자신이 잘 알지 못하는 것을 숨기며 자신의 의견만 주장하는 대부분의 최고경영자와는 다른 그에게서 권위주의적인 모습은 찾아보기 힘들었다.

이 회사의 구성원들은 자신의 회사에 대해 "우리 회사의 임직원들은 서로를 감싸 주며 도와준다.", "친구나 가족들에게 소개시켜 주고 싶은 좋은 직장이다."라고 말한다. 이 회사 구성원들의 절반 정도가 실제로 근무를 하고 있는 사람들의 소개로 입사를 했다.

그렇다면 무엇이 컨테이너 스토어를 그토록 많은 사람이 일하고 싶어 하는 꿈의 직장으로 만들었을까? 그 해답은 창업주의 경영철학에서 찾을 수 있다. '남을 위해 일한다'는 경영철학의 첫번째 실천은 회사의 채용 철학에서 찾을 수 있었다.

이 회사에는 '한 명의 위대한 종업원은 세 명의 좋은 종업원이 일하는 몫을 해낼 수 있다(One great employee equals to three good employees)'는 채용 철학이 있다. 그에 따라 사람을 처음 뽑을 때부터 자사의 기업문화와 맞는 사람인지를 평가한다. 먼저 그 사람이 일할 부서 또는 매장의 구성원들이 인터뷰에 참가한다. 그들은 능력보다는 함께 협력하면서 서로의 성장을 도와줄 수 있는 사람인지를 평가한다. 만일 그들이 찾는 사람이 없을 경우에는 몇 주 또는 몇 달이든 서로 업무를 나누어 일을 처리한다. 시간이 걸리더라도 제대로 된 사람을 뽑는다는 것이 컨테이너 스토어의 원칙이다. 이는 하루가 멀다 하고 점원이 바뀌는 우리나라 소매유통 매장의 모습과는 대조를 이룬다.

파트타임으로 일하는 구성원들에 대해 물었을 때, HR 담당자는 "그들은 훌륭한 사원이다(They are great people)."라고 답변했다. 그 대답에서 윗사람들이 구성원, 특히 비정규직 사원들을 바라보는 시각의 차이를 느낄 수 있었다. 리더는 구성원들을 정규직과 비정규직에 관계없이 회사의 발전에 기여하는 고마운 사람으로 인식하고 있었다.

이 회사는 일단 입사를 하면 정규직이든 비정규직이든 큰 차이를 두지 않는다. 비정규직 직원들에게도 똑같은 복리후생의 혜택이 주어지며, 정규직이 누리는 휴가 또는 기타 혜택을 모두 누릴 수 있게 해준다. 이에 최고경영자는 이렇게 말한다.

"그들의 지위나 직급은 그리 중요하지 않습니다. 그들 모두 이 회사가 성장할 수 있도록 최선을 다해 주는 고마운 사람입니다."

그래서 이 회사의 구성원들은 모두가 채용에 참여한다. 그들에게는 또 다른 비즈니스 카드가 있다. 그것은 바로 채용 카드이다. 임직원들은 식당이나 백화점 등 어디서든 훌륭한 서비스 마인드를 가지고 행동하는 사람들이 보이면 채용 카드를 건네준다. 그리고 자신의 회사를 자랑하며 한 번 방문해 볼 것을 권유한다. 이런 권유에 따라 매장을 방문했던 사람들 중에 실제 입사를 한 사람도 꽤 많다. 회사는 훌륭한 사원을 채용할 수 있도록 도와준 구성원들에게 고마움의 인센티브를 준다.

내가 만난 HR 담당 이사도 과거에는 중학교 교사였다. 그녀는 컨테이너 스토어의 매장에 물건을 사러 갈 때마다 웃는 얼굴로 적극적으로 도움을 주며 고객을 즐겁게 해주는 직원들이 신기하게 생각되었다. 그래서 여름방학 때 컨테이너 스토어에서 아르바이트를 하게 되었다고 한다. 그녀는 그 시간이 생애에서 가장 행복하게 일했던 시간이었다고 말했다. 그녀는 동료들이 보고 싶고 만나고 싶어 눈만 뜨면 매장에 달려갔다고 한다. 그리고 방학이 끝날 때쯤 교사직을 그만두고 이 회사에 입사를 했다고 한다.

이 회사에서 이러한 사례는 너무나 쉽게 찾아볼 수 있다. 엔지니어에서부터 경제 석·박사에 이르기까지 많은 구성원이 이 회사 매장의 단골 고객이었거나 아르바이트를 하면서 일터 분위기에 빠져 입사를 하게 되었다. 그들은 한결같이 이렇게 말한다.

"우리 회사의 급여 수준은 일반 소매유통 회사보다 상위권에 있습니다. 그러나 그것 때문에 이 회사에 취직하는 사람은 거의 없습니다. 그들은 구성원들이 서로의 성장을 돕고, 서로 도전할 수 있도록 도와주며, 함께 성취해 가는 강한 팀워크를 통해 자신이 중요한 존재라는 사실을 인식합니다. 또한 자신의 존재와 성취한 일의 가치를 제대로 인정받는다는 보람에 이곳에서 일을 하는 것입니다."

이 회사의 정보 공유의 질은 일반 회사 수준을 뛰어넘는다. 회사

회사 업종에 대한 포스터_ 컨테이너 스토어의 모든 제품은 세탁기처럼 고객의 삶을 깔끔하게 정리해 갈 수 있도록 돕는다는 의미다.

의 모든 경영 정보가 직급과 관계없이 전체 구성원에게 공개된다. 또한 구성원과 경영진이 주요 정책을 함께 결정하는 시스템을 갖추고 있다. 뿐만 아니라 모든 매장에서 일어나는 일은 물론 매출이나 수익, 새로 채용된 사람에 관한 정보, 사소하다고 생각될 수도 있는 구성원 가족의 생일까지도 24시간 이내에 전 매장과 본사가 공유할 수 있는 커뮤니케이션 활동이 이루어지고 있다. 그로 인해 한 번도 얼굴을 본 적이 없는 구성원이라 할지라도 생일을 축하해 주거나 어려운 일이 있을 때에 위로해 주는 일이 일상생활에서 이루어지고 있다.

기업은 구성원들의 잠재 능력을 최대화시켜 조직의 목표 달성을 탁월하게 성취해 나가는 데 활용할 수 있어야 한다. 이러한 기업의 인재 육성 미션을 가장 잘 실행하고 있는 기업 중의 하나가 컨테이너 스토어다. 이곳의 구성원들은 직급에 관계없이 상황에 따라서 사무 공간의 배치와 공간 활용의 최적화, 미적 감각을 고객에게 제공하는 컨설턴트로 변한다.

이 회사 신입사원들의 연간 교육 시간은 235시간이 넘는다. 또한 기존 사원들의 연간 교육 시간은 160시간이 넘는다. 이 과정에서 구성원들은 자신의 전문성을 향상시킬 뿐만 아니라 회사의 철학과 가치를 생활화한다. 이 교육 시간은 미국의 일반 소매 유통 관련 기업 구성원들의 교육 시간(연 평균 7시간)에 비하면 30배가 넘는다. 회사는 구성원들을 위해 상상을 초월하는 인재 육성비를 과감하게 투자하고 있다. 상황이 이러하니 구성원 모두가 탁월한 업무 능력을 갖추지 않을 수 없다. 구성원들에게 교육은 자신의 경력과 능력을 축적해 나가는 동시에 조직의 목표 달성에 활용할 수 있는 기회를 제공해 주는 보이지 않는 자산 중의 하나이다.

회사에서 제공하는 교육뿐만 아니라 이 회사의 동료들은 서로에 대한 미션이 분명하다. 서로 일과 학습을 통해 성장해 나갈 수 있도록 도와야 한다. 그래서 검비라는 마스코트를 만들어 목표를 늘리고, 달성해 갈 수 있도록 서로 격려하고 인정해 주고 있다. 검비는 팀의 멤버들이 그 주의 가장 탁월한 성과를 낸 멤버를 선정하여 전달한다. 검비를 받은 멤버는 일주일 동안 다른 멤버들을 유심히 지켜본 후 검비를 가져갈 자격이 있는 멤버를 선정한다. 그러고는 그 멤버의 책상에 검비를 올려 놓는다. 물론 선정 이유도 함께 밝힌다. 멤버들은 검비를 받는 것을 자랑스럽게 생각한다. 그것은 자신의 능력이 증진되었다는 것을 인정받는 것이며, 탁월한 목표를 성취해 냈다는 것에 대한 멤버들의 인정과 감사 그리고 칭찬의 상징이기 때문이다.

뿐만 아니라 이 회사의 최고경영자를 포함하여 리더들은 구성원들에게 탁월한 업무 환경을 제공해 주는 서번트 리더로서의 미션을 잘 수행하고 있다. 최고경영자는 미국 전역에 흩어져 있는 매장과 지사를 수시로 방문한다. 최고경영자의 방문을 부담스러워하는 한국 기업과 달리 이 회사의 구성원들은 최고경영자의 방문을 너무나 반가워한다. 최고경영자인 킵틴델은 이렇게 말한다.

"나는 매장에 다니는 것을 즐깁니다. 우리 구성원들이 즐겁게 일하는 모습을 볼 때마다 경영을 잘하고 있다는 생각이 들기 때문입

컨테이너 스토어에서 진행하는 이벤트 _ 구성원들은 다른 멤버들로부터 검비(마스코트)를 받는 것을 매우 자랑스럽게 여긴다.

니다. 매장의 매출이나 이익 등 사업적인 전략과 목표는 그 매장을 담당하는 임원의 몫입니다. 그의 권한이자 의무입니다. 나는 그가 자신의 목표를 잘 수행할 수 있도록 불필요한 장애요인이나 애로사항을 들어주고, 해결해 줄 뿐입니다."

킵틴델 회장은 회사의 핵심 가치를 구성원에 대한 신뢰로 삼고 있다. 그는 회사의 재무 정보를 거침없이 공개할 뿐만 아니라 이에 따른 이익 분배를 공정하게 실시하며, 주요 정책을 구성원들과 함께 결정한다. 그는 언제나 회사의 임직원들에게 자신이 대접받기를 원하는 만큼 다른 사람들이 성장할 수 있도록 도와주라고 강조한다. 매장에 도착하면 회장은 컨테이너 스토어를 상징하는 앞치마를 두르고 매장에 나가 구성원들을 돕는다. 그는 구성원들을 위대하게 생각하고 그에 걸맞은 대우를 해주면 그들은 몇 배의 능력을 발휘한다고 생각한다. 이런 일화도 있다.

한 고객이 매장의 관리자를 찾아와 열심히 일하고 있는 중년 사원을 가리키며 너무 열정적이고 친절하며 서비스를 잘 해줘서 칭찬을 해주고 싶다고 말했다. 그때 관리자는 웃으며 그 고객에게 그 사람은 이 회사의 회장이라고 답했다. 고객은 그런 최고경영자와 함께 일하면 부러울 것이 없을 것이라는 생각에 곧장 회사에 입사 지원을 했다. 그는 글로벌 기업에서 중역을 맡고 있던 엔지니어였다.

우수한 인재를 채용하여 그들이 자신의 능력을 마음껏 발휘할 수 있도록 학습 환경을 만들어 주는 회사, 구성원들이 서로의 성장에 도움이 되어야 한다는 미션을 일상 업무에서 실천하는 회사, 구성원들에 대한 신뢰가 두터워 회사의 모든 재무 상황을 공개하고 정책 참여를 유도하는 회사…… 바로 이런 곳이 진정한 GWP를 구현하는 회사가 아닐까?

이 회사의 구성원들은 휴가를 떠나면 동료들이 그리워서 빨리 회사로 돌아가고 싶다는 말을 자주 내뱉는다. 가족만큼이나 보고 싶고 함께하고 싶은 동료들이 있는 곳, 이 회사에 입사하여 스스로 더 나은 사람이 되었다는 자부심을 갖게 해주는 곳, 인간답게 인정받고 일할 수 있는 곳, 그곳으로 출근하는 컨테이너 스토어 구성원들이 회사에 일하러 가는 것이 즐겁다고 말하는 것은 지극히 당연한 일이 아닐까 싶다.

페더럴 익스프레스
Federal Express

주요 업종	우편 및 화물 특송
설립 연도	1973년
종업원 수	218,777명(미국 내), 33,256명(미국 외)
매출 규모	$35,497millions(2008년 기준)
특　징	직원의 부당 대우를 공정하게 처리하는 시스템이 정착된 회사

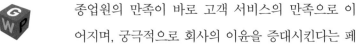

　　종업원의 만족이 바로 고객 서비스의 만족으로 이어지며, 궁극적으로 회사의 이윤을 증대시킨다는 페더럴 익스프레스의 경영 비전은 종업원 만족을 위한 'Survey-Feedback-Action 프로그램'을 통해 쉽게 알 수 있다. 최고경영자인 프레드릭 스미스(Fredric Smith)는 회사 초기부터 '고객의 수화물이 약속한 시간에 배달되지 않을 경우 요금을 받지 않겠다.'는 슬로건을 내걸며 운송업계의 신화를 만들어 나갔다.

　　고객과의 약속을 지키기 위해서는 일선에서 일하는 구성원들에게 권한이 위임되어야 한다는 점을 간파한 이 회사는 커뮤니케이션의 중요성을 잘 인식하고 있다. 누구든 일자리를 지키기 위해 필요한 만큼의 일을 잘할 수는 있다. 하지만 열정을 바쳐 능력껏 일할 구성원들을 기대한다면, 일선에서 일하는 그들에게 자율성과 권한을 부여해야만 한다. 페더럴 익스프레스는 이 점을 잘 파악하고 실천하고 있는 기업 중의 하나다. 그곳은 구성원들의 노력과 성과를 다양한 방법으로 인정하고 보상해 주는 시스템이 잘 갖추어져 있다.

우선 브라보 줄루(Bravo-Zulu)는 일을 잘 하는 사람들에게 즉시 피드백을 해주는 프로그램이다. 훌륭히 일을 진행하는 구성원들의 노트에 브라보 줄루를 상징하는 스티커를 붙여주면서 피드백을 해준다. 뿐만 아니라 브라보 줄루 핀, 배지 등도 달아 준다. 직속 상사는 구성원들에게 100달러 상당의 브라보 줄루상을 언제든지 수여할 수 있다. 이 상은 부부가 외식을 할 수 있는 곳이나 음악회, 영화관 등에 갈 수 있는 백지수표를 수여한다. 해마다 2만 건이 넘는 브라보 줄루상이 구성원들에게 주어지며, 지급 총액은 180만 달러에 이른다.

이 회사에는 '영웅상'이라는 것도 있다. 이는 회사 구성원들에게 가장 큰 자부심이 되고 있다. 매월 1회 또는 매년 4회 정도 심사위원회가 소집되어 회사의 진정한 영웅이 누구인가를 결정하는 골든팔콘(Golden Falcorn) 프로그램은 선정된 영웅에게 회사의 주식을 나누어 준다. 뿐만 아니라 팀워크를 강조하는 이 회사는 매월 가장 좋은 팀워크를 보인 사업장에 엑설런스 서클상(Excellence Circle Award)을 수여한다.

이러한 성과 중심의 보상제도(Pay-for-Performance)는 정기적인 업적 평가를 통해 우수한 구성원들에게 보상을 해주는 시스템으로 자리 잡고 있다.

페더럴 익스프레스는 현장 구성원들이 위임된 권한을 제대로 사용할 수 있도록 실행 방법이나 필요한 자원을 지원한다. 직급이나 사업장에 관계없이 전체 구성원의 원활한 커뮤니케이션을 위해 전 세계 12개 지역권의 대표자들이 전화 또는 화상 회의를 진행한다. 이 회의에서는 24시간 동안 각 지역권에서 발생한 운영상의 중요한 문제들을 논의하며, 그 결과를 전 세계 구성원들에게 알린다. 각 부서의 품질 담당자들과 종업원, 참여 촉진자들로 구성된 품질위원회는 격주로 회합을 가진다. 전 세계적으로 100여 명이 넘는 품질 전문가를 보유한 페더럴 익스프레스는 이들을 통해 품질 프로세스, 활용 도구 또는 기법 활용 등을 구성원들에게 꾸준히 교육시키고 있다.

이 회사의 품질액션팀의 역할은 일반 기업들과 다르다. 이 팀은 내부 고객 만족을 향상시키기 위해 일한다. 이 팀은 분기마다 성공 사례를 선발한다. '최고 중의 최고'로 선정된 팀은 최고경영자와 임원이 모인 자리에서 사례를 발표할 자격이 주어지고 사내 잡지에 실리는 영광을 누리게 된다.

페더럴 익스프레스는 직급이나 직위로 인해 구성원들이 피해를 보는 일이 없도록 하는 인사 관련 제도가 잘 정착된 곳으로도 유명하다. 일한 만큼 공정한 보상을 받으며, 노력의 결과가 상사에 의해 공정하게 인정되어야만 촌음을 다투는 고객 서비스가 제대로 이루어진다고 믿기 때문이다.

이 회사의 공정대우보장제도(Guaranteed Fair Treatment)는 최고경영자와의 대화 채널을 열어 놓는 '오픈도어(Open Door)' 정책을 뛰어넘어 독특한 제도로 자리 잡았다. 구성원들이 함께 일하는 관리자와 갈등이 생길 경우, 상위 상사에게 이의를 제기하도록 독려한다. 먼저 구성원은 관리자와 문제점을 토의한다. 여기서 해결되지 않을 경우 상사가 해결하기 위해 노력한다. 그래도 해결점을 찾지 못하면 심사위원회가 구성된다. 이 위원회의 5명 중 3명은 문제를 제기한 구성원이 선정한다. 만일 구성원이 심사위원회의 결정에 승복하지 않을 경우, 매주 화요일 최고경영자와 4명의 고위 임원으로 구성된 항소위원회에 미해결 불만사항을 올려 해결한다.

이 제도는 형식적인 것이 아니다. 이 회사의 자랑스런 제도로 정착되었다. 1982년 페더럴 익스프레스 창업주는 이 제도를 정착시키면서 공정대우보장제도의 내용을 액자로 만들어 모든 사업장에 걸어 두도록 했다. 크고 작은 어려움이 있음에도 불구하고 이 회사가 다수의 구성원으로부터 신뢰를 얻고 있는 것은 무엇이든 공정하게 해결하려는 회사의 지속적인 노력 때문이라고 할 수 있다.

페더럴 익스프레스의 커뮤니케이션 담당 이사는 자신의 역할은 임직원에게 가능한 한 많은 정보를 제공하는 것이라고 말한다. 이 회사의 철학은 회사에 관한 모든 정보를 구성원들에게 가장 먼저 알려주는 것이라고 한다. 경영진이 공유하는 정보나 현장 사원이 공유하는 정보에는 차별이 없어야 한다. 회사의 이러한 노력은 20

여 종이 넘는 각종 뉴스레터나 사내 잡지를 통해서 입증되고 있다.

　페더럴 익스프레스는 가감 없는 정보 공유와 구성원들의 목소리가 제대로 조직에 전달되고 수용되는 상향식 커뮤니케이션 시스템과 끊임없는 교육을 통해서 회사의 철학과 경영방침 그리고 비전을 전 직원과 공유한다. 자신의 노력과 성과가 공정하게 인정되는 회사, 외부 고객보다 내부 고객을 먼저 생각하는 회사, 개인의 억울함이 언제든 해결될 수 있는 제도가 잘 정착되어 있는 회사, 그런 회사가 바로 페더럴 익스프레스다.

티디 인더스트리스
TD Industries

주요 업종	건설업
설립 연도	1946년
종업원 수	1,588명
매출 규모	$324millions(2008년 기준)
특 징	종업원 지주회사, 40여 년 동안 서번트 리더십 실천

1989년 미국의 건설 경기 불황 여파로 인해 부도 위기까지 갔던 회사, 하지만 구성원들의 회사에 대한 강한 믿음으로 외부 자금을 투입하지 않고서도 스스로 일어선 회사, 40여 년이 넘게 서번트 리더십을 회사의 리더십 철학으로 명문화시킨 회사, 정직을 바탕으로 한 높은 윤리의식이 건설 현장 곳곳에 묻어 있는 회사, 건설 현장이라는 특수한 환경 속에서도 구성원들이 서로를 사랑하고 존경을 표시하는 회사…… 그런 회사를 찾는다면 티디 인더스트리스로 가라.

티디 인더스트리스 본사 로비에 들어서면 구성원들의 커다란 얼굴이 가장 먼저 눈에 들어온다. 근무 연수에 따라 사진의 크기가 다르며 5년 이상 이곳에서 근무한 구성원들의 환한 웃음이 방문객을 가장 먼저 맞이한다. 복도를 지나 사무실로 들어가면 사진에서 본 웃는 얼굴들이 처음 방문하는 사람들의 마음을 편안하게 해준다. 구성원들의 개인 공간이 그리 크지는 않지만 이곳저곳에서 토의하는 모습, 설계도면을 펼쳐 놓은 채 앉아서 혹은 서서 일을 하는 모습, 책상에 엉덩이를 걸친 채 이야기를 나누는 모습이 마치 자신의 집에서 근무를 하는 듯한 분위기를 자아낸다. 이 모습을 통해 이 회사만의 문화적 색깔을 느낄 수 있었다.

회장실은 왜소하다고 느낄 만큼 좁았으며, 문이 없는 것이 특징이었다. 잭로웰 주니어 회장은 오래전에 회장실의 문을 없앴다. 그는 다른 직원들처럼 직무를 볼 수 있는 공간 외에는 어떠한 것도 필요하지 않다고 말한다. 문을 닫고 TV를 볼 일도 없고 혼자서 상상을 할 일도 없으며, 직원들이 알아서는 안 될 비밀을 가지고 있는 것도 아니기에 공간이 넓을 필요도, 문이 있을 필요도 없다는 것이다.

잭로웰 주니어 회장에게 35년이 넘도록 서번트 리더십을 회사 철학으로 명문화해 온 이유를 묻자 그는 아버지를 떠올렸다.

창업주 잭로웰이 설립한 티디 인더스트리스는 초기에 고속 성장을 하면서 업계의 주목을 받기 시작했다. 거침없이 사업을 펼쳐 가던 잭로웰의 앞길을 막은 것은 바로 그의 건강이었다. 암을 선고받은 그는 자신의 삶을, 회사를 그리고 그에게 가족의 생계를 걸고 있는 직원들을 생각하게 되었다. 그 과정에서 그는 서번트 리더십의 창시자인 로버트 그린리프가 집필한 《서번트 리더*The Servant*

Leader》라는 오렌지 색의 책을 접하게 되었다. 그 속에서 그는 '사람 위에 회사가 있는 것이 아니다'라는 인간 중심의 기업철학을 깨닫게 되었다. 그리고 지위나 권력이 개개인의 삶에 어떤 영향을 미칠 수 있는지 생각하며 자신의 경영 방식의 패러다임을 바꾸기로 마음먹었다. 이러한 심경의 변화와 개인의 리더십 행동 변화는 오히려 잭로웰 회장의 정신 건강뿐만 아니라 육체 건강까지도 되찾게 해주었다.

심리적 스트레스에서 벗어나면서 그는 회사의 리더가 구성원들에게 미치는 영향력을 되짚어 보며 리더는 부하 직원의 자율과 창의, 성장 욕구를 마음껏 분출할 수 있도록 도와주고 협력해 주어야 한다는 점을 강조하기 시작하였다. 그리고 신뢰를 바탕으로 한 서번트 리더십을 회사의 리더십 철학으로 명문화시키면서 발전시켰다. 이러한 회사의 철학이 임직원들의 태도와 행동 그리고 업무 방식을 바꾸기 시작했다.

잭로웰 주니어는 아버지의 뒤를 이어 회사의 존폐 위기 속에서도 열린 경영으로 신뢰를 쌓아 나갔다. 그는 1989년 미국 건설 경기의 불황으로 회사 재정이 어려워지자 5년 이상 근무한 구성원들을 집합시켰다. 그리고 회사의 재무 상태와 외부 환경, 회사가 처한 상황에 대해 모두 이야기했다. 그러고는 회사가 선택할 수 있는 두 가지 방법을 제안하였다. 첫 번째 방법은 임직원들이 적립해 온 연금을 풀어서 재정난을 해소하는 것이었고, 두 번째 방법은 파산 신고를 하는 것이었다.

구성원들은 이틀 동안의 격론 끝에 자신들의 연금을 푸는 쪽을 선택했다. 물론 이러한 결정에 동의하지 않은 소수의 구성원은 회사를 떠났다. 모두가 열심히 노력한 결과, 회사는 그 다음 해에 흑자로 돌아섰다. 종업원지주제인 이 회사에는 회장보다 더 많은 주식을 보유한 사원들도 있다. 그러나 그들은 자신들의 권리를 행사하지 않았다. 그들은 마음만 먹으면 최고경영자를 바꿀 수 있었지만 회사의 경영에 만족했다. 그들은 티디 인더스트리스는 정직하고 윤리적일 뿐만 아니라 서로에 대한 믿음이 너무 강해 파산을 하는 일은 결코 일어나지 않을 것이라고 단언했다.

이 회사의 최고경영자는 리더뿐만 아니라 구성원들에게도 서번트 리더십을 교육시킨다. 구성원들에게는 자신의 상사가 조직이 추구하는 서번트 리더십 행위를 제대로 하고 있는지 관찰하고 피드백을 해줄 의무가 있다. 또한 그들 역시 향후에 리더가 될 수 있기 때문에 사원 시절부터 서번트 리더십에 대해 배우고 익혀 나간다.

이 회사는 신뢰의 근본은 정직에서 출발한다고 생각한다. 그래서 임직원들이 실수로 회사에 수억 달러의 손해를 끼쳤다 할지라도 그 사실을 숨기지 않는다. 손실은 회사가 감당할 수 있지만, 실수를 감추기 위한 정직하지 못한 일들이 일어난다면 조직의 성장에 한계가 있다고 생각하기 때문이다. 회사는 물리적·재정적 손실을 감수하면서도 구성원들이 실수로부터 배울 수 있는 기회를 허용한다. 이러한 바탕에는 서로에 대한 믿음, 구성원의 성장을 돕는 리더의 역할이 습관화되어 있기 때문이다.

노드스트롬
Nordstrom

주요 업종 의류 및 패션 고급 백화점
설립 연도 1901년
종업원 수 45,853명
매출 규모 $8,573million(2008년 기준)
특　　징 직무 사규가 단 한 장인 회사

"어느 조직이든, 어느 사회든 집단 속에는 언제나 5 퍼센트 내외의 부정직하고 비윤리적인 사람들이 존재합니다. 사람이 가지고 있는 기본적인 특성에 의해 모두가 고운 인성을 가질 수는 없습니다. 그러나 나머지 95퍼센트의 사람들은 정직하려고 애쓰며 상식에서 벗어나는 비윤리적인 행동을 하지 않으려 노력합니다. 개인의 양심에 따라 생각하고 행동하는 사람이 대부분입니다."

노드스트롬은 모든 규정과 정책은 정직하게 일하려는 다수의 사람을 위해서 존재해야 한다는 원칙을 가지고 있다. 사람이 사람을 믿기 때문에 이곳의 직무 사규는 단 한 장으로 정리된다. 신입사원들은 오리엔테이션 시간에 다음과 같은 사규 한 장을 받는다.

노드스트롬에 입사하신 것을 환영합니다.

당신과 함께 일하게 되어 기쁩니다.
우리의 최고 목표는 탁월한 고객 서비스를 제공하는 것입니다.
개인적 목표와 전문 직업인으로서의 목표는 높게 설정하십시오.
우리는 당신이 그것을 성취할 능력이 있다고 확신합니다.

노드스트롬의 규정
제1조 : 어떠한 상황에서도 당신의 현명한 판단에 따라 주십시오.

이 외에 다른 규정은 없습니다.
궁금한 사항이 있으면 언제라도 부서장, 점포장, 사업부 책임자에게
자유롭게 질문해 주십시오.

-

노드스트롬

이 단 한 장의 사규에서 구성원들의 능력에 대한 경영진의 신뢰를 엿볼 수 있다. 바로 이것이 4세대를 이어 온 노드스트롬의 기업 문화 핵심이다. 책상에 앉아 결재만 하는 리더는 이곳에 있을 필요가 없다. 고객을 기쁘게 할 책임만 주어질 뿐, 권한이 주어지지 않는 현장은 빠른 변화를 수용해 나갈 수 없다. 그래서 이곳에서는 "윗

사람과 상의해 봐야 합니다.", "매니저에게 물어볼게요."라는 말을 듣기 어렵다. 바로 이러한 경영이 노드스트롬의 신화를 만드는 원동력이다.

이 회사의 구성원들은 경영진이 백화점 현장을 방문해도 부산을 떨지 않는다. 그들은 윗사람에게 질책을 당하지 않기 위해서 갑자기 청소를 하거나 관리자가 미리 나와 매장을 점검하는 등의 행동을 하지 않는다. 고객과 접점에서 일하는 구성원들은 한결같이 이렇게 말한다

"우리 회사의 임원들이나 관리자들은 우리를 돕기 위해서 이곳에 옵니다. 그들은 우리를 감시하거나 감독하지 않습니다. 최종 판단은 우리 스스로가 하기 때문이지요. 그들은 우리가 어떻게 하면 더 높은 목표를 달성할 수 있을지 지원해 줄 뿐입니다."

이러한 서번트 리더십 행위는 이 회사의 조직 구도에서 찾아 볼 수 있다. 임원이나 관리자들은 판매 사원들을 위해 존재하며, 판매를 위해서는 무엇이든 지원하고 협력할 준비를 갖추고 있다. 노드스트롬은 내부 승진이 최우선이다. 자사의 문화를 가장 잘 이해하는 사람들이 관리자가 되어야 한다는 생각에서다.

이곳에서는 고객 서비스에 장애가 되는 관료적이고 권위주의적인 지침을 찾아볼 수 없다. 또한 현장의 판매 사원들이 폭넓은 운영권과 핵심 권한을 가지고 있기 때문에 자신을 조직에서 시키는 일만 하거나 권한없이 책임만 지는 부속품으로 느끼지 않는다. 이들은 오히려 자신들이 회사를 경영하고 있다고 말한다.

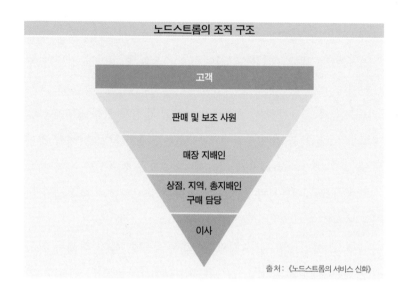

노드스트롬의 조직 구조

고객

판매 및 보조 사원

매장 지배인

상점, 지역, 총지배인
구매 담당

이사

출처: 《노드스트롬의 서비스 신화》

　판매 사원들에게 과감한 인센티브를 실시하는 회사, 창고 직원으로 입사를 했다 하더라도 8년 만에 매장의 지배인이 될 수 있는 회사, 학연과 지연, 직급에 관계없이 누구나 능력을 인정받을 수 있는 기회가 골고루 주어지는 회사, 성과 관리가 공정하고 철저한 회사……이런 회사에서 일하는 구성원들에게서는 창의성이 저절로 피어날 수밖에 없다. 어찌 보면 노드스트롬이 '묻지마 서비스', '무조건 반품 정책', '차별화된 1인 개별 서비스' 등 백화점 업계의 서비스 신화를 만들어 내는 것은 당연하다.

　타이어를 판매하지 않지만 소비자가 가지고 온 타이어를 반품 처리해 준 직원, 쇼핑 후 비행기 티켓을 두고 간 고객을 위해 티켓을 들고 공항까지 쫓아간 판매원, 고객이 원하는 물품이 모두 판매되고 없으면 다른 백화점에서 직접 사와 세일 가격으로 서비스하는 판매원…….

이러한 수많은 서비스 신화를 만들어 낼 수 있는 것은 바로 판매원들의 존재 가치를 가장 우선시하는 리더들의 사고와 행동 때문이다. 경영진들의 시선이 닿지 않는 곳에서도 회사의 근간이 되는 고객 서비스는 언제나 이루어지고 있다.

그렇다면 경영진들은 어떻게 서비스 현장을 통제할 수 있을까? 서류나 보고서를 통해서? 절대 아니다. 누가 고객과 함께 일하는가, 어디에서 고객 서비스에 대한 의사결정이 이루어지는가 등의 질문에 노드스트롬은 실천을 하며 명쾌한 답을 제시한다.

정직한 다수의 구성원을 위해 단 한 장의 사규를 제공하듯이 이회사는 90퍼센트 이상의 정직한 고객에게 행복을 선물하기 위해 조건 없는 반품 수용 정책을 펼쳐 왔다. 노드스트롬은 그러한 고객에게 행복을 선물해 주는 구성원들의 능력을 인정하고 보상해 주는 기업이다. 구성원들은 자신이 일한 만큼 보상받으면서 학력에 상관없이 승진의 기회를 주는 공정한 조직에서 근무하고 싶어 한다. 자신의 능력과 실력을 조직의 목표 달성에 활용하기 위해서는 구성원 스스로 일의 주인이 될 수 있는 권한과 책임을 가지길 원한다. 노드스트롬은 바로 이런 회사를 갈망하는 사람들에게 꿈의 직장이 되고 있다.

기업문화의
새로운 지평

GREAT WORK PLACE

GREAT WORK PLACE

기업문화의 새로운 지평, GWP를 꿈꾸며

쉬고 싶을 때, 눈치 보지 않고 마음대로 쉴 수 있는 회사, 특별한 일이 있지 않고서는 야근을 하지 않는 회사, 일 년에 서너 달씩 유급휴가를 주는 회사, 성과를 내지 않아도 책임을 묻지 않는 회사, 쉽고 편하게 일할 수 있는 회사, 하지만 월급은 꼬박꼬박 나오는 회사…….

구성원들이 진정으로 원하는 회사는 이와 같은 모습일까? 그렇지 않다. 많은 기업의 구성원들을 인터뷰하면서 얻은 대답은 위에 나열한 것과는 차이가 있었다. 대부분의 구성원이 원하는 훌륭한 일터는 '자신의 능력을 발휘할 수 있는 기회가 주어지는 곳', '동료들 간에 관심과 배려가 넘치는 곳', '회사의 방침과 정책이 직위에 관계없이 공정하게 지켜지는 곳', '서로의 허물을 덮어 주고 보듬어 주는 곳', '생색나지 않는 일을 해도 노력을 인정해 주는 공정한 일터' 그리고 무엇보다도 '상하 간, 동료 간에 믿음이 두터운 곳'이다.

물론 급여는 많을수록 좋다. 하지만 노력도 하지 않았는데, 어떠한 성과를 만들어 내지도 못했는데 보상을 받는 것은 원치 않는다. 구성원들은 '자신들이 일한 만큼의 공정한 보상과 대가'를 원한다. 그들은 능력을 발휘할 기회가 골고루 주어지기를, 상사가 자신의 의견을 들어주고 업무에 적용해 주기를, 좋은 소식이든 나쁜 소식이든 회사의 변화를 공유하고 고민하며 함께 해결해 나가기를 원한다. 그들은 월급을 받고 다니기에 편안한 곳이 아니라 일하기 좋은 일터, 즉 GWP를 원하는 것이다.

그래서 포춘 100대 기업을 포함하여 GWP를 구축하기 위해 노력하는 기업들은 별종 중의 별종이라고 불릴 만큼 구성원들에게 탁월한 업무 환경을 만들어 주기 위해 상상을 초월하는 방법을 동원한다. 또한 구성원들의 자발적인 몰입과 헌신, 창의성과 열정이 마음껏 발휘될 수 있는 일터를 만들기 위해 리더의 권위와 위계질서도 미련 없이 버린다.

2010년 '일하기 훌륭한 포춘 100대 기업'의 1위에 이름을 올린 쌔스 인스티튜트(SAS Institute)는 소프트웨어 개발 회사다. 이 회사의 최고경영자인 짐 굿나잇은 구성원들을 회사를 이끌어 가는 주역으로 대우해 주면, 그들은 회사를 위해 자신이 할 수 있는 모든 역량을 발휘한다고 말한다. SAS는 업종의 특성상 하루 종일 책상에 앉아 컴퓨터와 씨름해야 하는 구성원들의 건강을 책임지기 위해 노력한다. 이 회사에 있는 헬스센터에서는 50여 명의 스태프가 구성원들의 건강을 관리한다. SAS는 구성원들의 심리적·물리적 건강을 위해 할 수 있는 노력을 모두 쏟아붓는다.

구글은 2008년에서 2009년까지 2년 연속 '일하기 훌륭한 포춘 100대 기업'의 1위 자리에 이름을 올렸다. 구글의 시설은 상상을 초월한다. 리더와 구성원들의 행동 역시 마찬가지다. 복도 한복판에 투명 유리로 회의장을 만들어 놓아 지나가는 사람들이 모두 볼 수 있게 하는가 하면, 최고의 요리를 맛볼 수 있는 레스토랑을 종류별로 만들어 놓았다. 또한 육아를 위한 멋진 수유시설과 쇼핑센터, 건강센터, 스포츠센터 등 구성원들이 24시간 머물며 생활하기에 불편함이 없도록 시설을 갖추고 있다. 이러한 것들을 통해 구글은 하나의 커뮤니티를 형성하고 있는 것이다.

또한 구글은 최고의 인재를 채용하여 최고의 대우를 해주는 채용철학을 가지고 있다. 해마다 전 세계에서 몰려드는 지원서는 구글러(Googler)들에게 자부심을 심어 주기에 충분하다. 그들은 천부적인 재능을 가진 사람들과 서로 도전하는 것을 즐긴다. 회사는 구성원들이 마음껏 생각하고 행동할 수 있도록 모든 권한을 위임하고 있으며, 엔지니어들이 업무 외에도 개인적인 아이디어를 창출할 수 있도록 지원하고 있다.

마이크로소프트(Microsoft)의 경우, 매시업 데이(Mashup Days)를 만들어 자사 제품에 대한 창의적인 아이디어를 공유하거나 제품을 테스트하는 시간을 갖는다. 이 회사는 창의와 혁신을 매우 중요하게 생각하기 때문에 구성원들이 다채로운 생각을 할 수 있도록 업무 환경을 구축하는 데 심혈을 기울인다.

퀀텀사(Quantum)는 '탁월한 일터 환경(Extraordinary Working Environment) 구축이 최고경영자의 경영 목표로 설정되어 있다. 이 회사는 제조업을 포함하고 있는 업종의 특성상 조직의 위계질서에 따른 권위적이고 경직된 리더십을 경계한다. 그래서 구성원들에 의한 리더십 평가가 리더의 업적 평가 중 50퍼센트를 차지한다. 테크놀로지의 급격한 변화를 빠르게 수용하기 위해서는 둔하고 경직된 조직문화가 걸림돌이 된다는 점을 잘 알고 있는 것이다.

유머와 웃음이 넘치는 조직문화는 사우스웨스트 항공사가 단연 1위다. 승무원들은 승객을 즐겁게 해주기 위한 다양한 아이디어를 실행하고 있다. 생일을 맞은 승객을 축하해 주기 위해 짐칸에서 튀어나오기도 하고, 기타를 치고 노래를 부르기도 한다. 권위주의에서 탈피하는 것만이 구성원들의 창의성을 피어나게 할 수 있다는 허브 켈러 전 회장의 경영철학이 업무에 자연스럽게 녹아 있는 것이다. 허브 켈러는 청바지를 입고 임원 회의에 참석할 정도로 관료주의에서 탈피하기 위해 노력했다. 그 결과, 구성원들의 개성과 끼가 담긴 승객 서비스는 탑승자들을 매우 즐겁게 만든다. 사우스웨스트 항공사의 기내 금연 메시지의 위트는 지금도 많은 사람이 말하고 있다.

"기내에서는 담배를 피울 수 없습니다. 그래서 흡연하실 분들을 위해 날개 위에 흡연석을 준비해 두었습니다. 흡연하실 분들은 문을 열고 밖으로 나가 날개 위에 앉아 마음껏 담배를 피우시기 바랍니다. 흡연을 하실 분들을 위해 준비한 영화는 '바람과 함께 사라지다'입니다. 감사합니다."

하루 종일 웃음이 끊이지 않는 이 기업은 1990년대 초 모든 항공사가 불황에 허덕일 때 유일하게 흑자를 기록했다. 또한 고객의 불평 건수가 가장 적은 회사, 정시 도착률 1위, 수화물 처리가 가장 빠른 항공사로 기록되고 있다. 구성원들의 업무 처리량은 타 항공사에 비해 몇 배나 많지만 그들은 즐겁게 일을 수행한다. 9 · 11 테러로 많은 항공사가 경영난에 허덕일 때에는 4,000명의 인력 채용을 공표함으로써 구성원들에게 자부심을 심어 주기도 했다.

이 회사의 HR 담당 이사는 외부 기업들에게 이렇게 말한다.

"여러분이 사우스웨스트 항공사의 이점을 모두 가져가서 우리처럼 훌륭한 문화를 만드는 데 활용할 수 있기를 바랍니다. 그러나 눈에 보이는 도구를 사용하거나 활동을 모방한다고 할지라도 우리와 같은 문화를 만들기는 어려울 것입니다. 왜냐하면 우리 회사가 가지고 있는 보이지 않는 힘, 즉 사랑의 힘은 여러분이 가져갈 수 없기 때문입니다."

GWP는 자료나 활동의 모방을 통해서 심어지는 것이 아니다. 최고경영자를 비롯하여 모든 구성원이 생활 속에서 기업의 '인간 존중'

경영철학을 실천할 때만이 가능하다.

페더럴 익스프레스에는 공정대우보장제도(Guaranteed Fair Treatment)라는 것이 있다. 이는 직위에 관계없이 누구나 동등한 대우를 받아야 한다는 경영철학을 그대로 실천하는 제도다.

이처럼 GWP를 구현하는 기업들은 구성원들의 건강을 위한 헬스센터나 진료시설을 갖추는 것은 물론 육아 지원 프로그램이나 사내 보육시설을 통해 구성원들의 가정사까지 지원한다. 또한 수면실이나 최고급 카페테리아를 운영하는가 하면, 최고경영자와 사원에 이르기까지 같은 비율의 성과급을 지원하기도 한다. 그리고 늦게까지 일하는 구성원의 가족을 위해 저녁 배달 서비스까지 제공하는 기업도 있다. 많은 기업이 사내에 은행, 우체국, 편의점, 세탁소, 미용실 등을 갖추어 구성원들에게 편의를 제공하기도 한다.

물론 국내의 많은 기업도 이런 외적 환경을 잘 갖추고 있다. 그럼에도 불구하고 신뢰경영지수가 낮은 것은 물리적 환경을 벗어나 업무 수행 과정의 보이지 않는 일 관계로 돌아오면 상사나 경영진의 서번트 리더십이 생활 속에 뿌리내려져 있지 않기 때문이다. 즉, 일하는 관계 속에서의 '인간 존중' 경영철학이 실천되고 있지 않는 것이다.

일터는 단순히 일만 하는 곳이 아니다. 하루 중 대부분의 시간을 보내는 곳이기에 삶의 공간이라는 인식이 확산되고 있다. '일하기 훌륭한 포춘 100대 기업'이 보여 주는 일과 삶의 균형, 공정하고 공평한 가치의 추구, 배려와 협력이 넘치는 재미있는 일터 그리고 고객 만족 등은 구성원 간의 굳건한 신뢰 관계를 구축하게 하고 기업의 고성과를 창출한다.

GE의 잭웰치 전 회장은 리더의 관료주의 타파를 위해 의사결정 구조를 단순화시켰으며, 권한위임을 통해 구성원들이 권한과 책임을 동시에 가질 수 있도록 노력하였다. 또한 최고경영자와 구성원 간의 심리적 거리감을 축소하기 위해 노력했다. 그는 전 세계에 퍼져 있는 구성원들이 자신의 철학과 방침에 대해 잘 알 수 있도록 24시간 안에 화상회의나 이메일을 통해 전달하였다. 능력이 있는 구성원들이 권한을 위임받아 일을 잘 진행할 수 있도록 인재 육성에 많은 공을 들이기도 했다. 또한 스스로 GE의 리더십 센터인 크로톤빌의 최고 강사로 리더십 강의를 진행하였다.

상하가 서로를 믿지 못하면 권한을 위임할 수 없고 의사결정이 민첩하게 이루어질 수 없다. 이러한 상황에서는 규정을 앞세우게 되고 그것은 곧 관료주의로 연결된다.

많은 최고경영자와 리더들이 '사람이 가장 중요한 자산'이며 '신뢰'가 기업의 성장에 가장 중요한 자원이라고 말한다. 그러나 기업의 구성원들이 '자신이 중요한 존재이며, 소중한 자산'이라고 자부하는 경우는 흔치 않다.

'일하기 훌륭한 포춘 100대 기업'은 바로 그 흔치 않은 최고경영자나 리더의 리더십 행동을 보여 준다. 이 기업들은 구성원과의 신뢰 관계를 추상적으로 이해하는 것이 아니라 방침과 정책에서 그리고 리더십 행동에서 실체를 보여 준다. 그래서 훌륭한 일터의 경영진과 구성원들은 공통된 가치를 가지고 일을 한다. 따라서 이해와 공감의 폭이 넓고, 서로 공유하고 협력하는 수준이 높다. 폭넓은 공감을 바탕으로 서로 한 방향을 바라보는 강한 응집력은 고성과 창출로 연결된다.

물론 '일하기 훌륭한 포춘 100대 기업'도 어려운 경영 상황을 탈피하기 위해 구조조정과 감원, 임금동결을 시행하기도 한다. 그러나 감원이나 구조조정은 기업의 최후 선택이다. 설령 감원이 된다 하더라도 대상자들은 마른 하늘에 날벼락 맞듯이 어느 날 갑자기 통보를 받는 경우가 없다. 감원을 시행하는 과정이 일반 기업의 밀실 작업과는 거리가 멀다. 특히 한국의 기업들처럼(물론 모든 기업이 그런 것은 아니지만) 인사이동이나 승진 등이 금요일 오후 4시 이후에 갑자기 통보되는 경우는 없다. 급작스럽게 다른 부서 또는 다른 사업장으로 인사발령이 나는 경우도 드물다. 그들은 구성원들이 예견할 수 있을 만큼 충분한 공감의 과정을 거친다. 그만큼 조직 내 신뢰가 두텁다.

그래서 '일하기 훌륭한 포춘 100대 기업'의 구성원들은 구조조정 과정을 겪으면서도 회사가 어쩔 수 없이 선택해야만 한 일이라고 생각한다. 중요한 것은 감원으로 회사를 나간 사람이나 남아서 일하는 사람이나 조직과의 관계에서 기본적인 신뢰가 깨졌다고 생각하지 않는다는 점이다. 구조조정이나 임금동결을 겪으면서도 '일하기 훌륭한 포춘 100대 기업'에 이름을 올린 기업이 1/3 이상이나 된다는 점은 우리에게 많은 시사점을 던져 준다.

신뢰는 기업의 사업 부진이나 불황 때문에 깨지지는 않는다. '일하기 훌륭한 포춘 100대 기업' 중 감원을 단행한 기업의 80퍼센트가 넘는 구성원이 감원이 '불가피한 결정'이었다고 받아들이며 여전히 최고경영자나 회사를 신뢰한다고 응답하고 있다. 그 기업들은 오랜 기간 동안 매 순간마다 구성원들이 일하기 훌륭한 일터를 만들기 위해 노력해 왔다. 그렇게 쌓여 온 신뢰 관계는 불황을 극복해 나가는 원동력이 되고 있다.

GWP는 구성원들이 스스로 좋아서 일하고 싶다는 생각이 들도록 만든다. GWP는 열심히 일하는 가운데 구성원들이 조직의 고성과 창출에 기여할 수 있도록 만들기 위한 노력이다. 신뢰는 상호작용에 의해 형성된다. 조직이 구성원들을 최고의 자산이라고 여기며 그에 맞는 정신적·물질적 대우를 해준다면 구성원들은 최고의 능력과 열정으로 보답한다. 조직이 구성원들을 존중하고 인정하며 믿고 일할 수 있는 업무 환경을 만들어 줄 때, 구성원들의 헌신과 기대 이상의 노력을 요구할 수 있다.

GWP는 조직에서 권력과 힘을 가진 자, 즉 리더가 생각과 행동을 진정으로 변화시키지 않으면 절대로 만들어 나갈 수 없다. 구성원들의 삐뚤어진 시각과 무관심, 이기주의를 고치려 하기에 앞서 리더의 자기중심적인 사고와 행동, 일방적인 지시와 통제의 리더십 행위를 바꾸어야 한다. GWP는 구성원을 고객처럼 생각하는 경영 패러다임의 전환을 의미하며 구성원들과의 신뢰 관계를 경영의 가장 소중한 도구로 활용하는 신뢰경영을 의미한다.

조직의 신뢰경영을 위한 노력은 구성원들이 자기중심적이고 이기적인 사고에서 벗어날 수 있도록 하며, 구성원들이 조직 공통의 가치에 충실하게 만들어 높은 윤리의식을 바탕으로 자기 일에 주인의식을 가질 수 있도록 도와준다. 또한 동료들에게 관심과 애정을 베푸는 GWP 구성원이 될 수 있도록 지원한다.

아침이면 달려가고픈
훌륭한 일터를 만들어라!

기업 경쟁력은 GWP에 달려 있다
GWP를 통해 신뢰 넘치는 일터를 만들어라